살면서 한 번은 짠테크

김짠부(김지은) 지음

신용불량 김짠부의 행복한 재테크 이야기

넉스톤

캐릭터 소개

돈은 내가 모으지만, 돈 모으는 내 안엔 내가 너무 많아~?!
김짠부 캐릭터와 함께 위기는 이겨내고 행복은 나누면서 더 크게 누려요!

곰곰 김짠부
돈 모으다 보면 들기 마련인 의심, 궁리, 방법 고민 등을 곰곰이 대신해줍니다.

그래 김짠부
누군가에는 고민이 아니기도, 고민이기도 한 돈 이야기를 '그래, 그랬구나' 하며 조곤조곤 나눕니다.

끙끙 김짠부
다른 사람들에게 보여주는 밝은 모습 뒤에는 때론 상처받고, 외롭고, 괴로운 모습도 있곤 하죠. 혼자 괴로워하지 말고 김짠부와 함께 나누세요.

플렉스 김짠부
욜로족 시절 플렉스는 당연하고, 짠테커인 지금도 플렉스를 합니다. 언제, 어디서, 어떻게 플렉스하며 짠테커로 살 수 있는지 찾아보세요.

고고 김짠부
돈 모으기, 내 집 마련, 1인 브랜딩 등 자신의 꿈을 향해 지금 당장 함께 Go! Go! 합시다.

당당 김짠부
짠테커라고 해서 계산대 앞에서 우물쭈물하지않습니다. 낼 건 내고, 챙길 건 챙기는 현명한 짠테커가 되는 법을 알려줍니다.

열심 김짠부
매일 핸드폰으로 가계부를 쓰며 무지출을, 앱테크를 하며 티끌 모아 흙무더기를, 행복한 짠테크를 위해 열심히 사는 김짠부를 따라 해보세요.

짠이팅 김짠부
돈 모으기 지치고 힘들 때마다 짠이팅 김짠부가 응원, 짠소리 뿜뿜 해드립니다.

목차

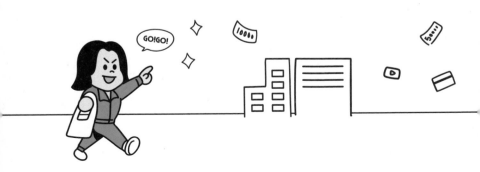

프롤로그

소비로 당신을 증명하지 않아도 돼요

"짠부님, 어쩌다 극강의 욜로족에서 극강의 짠순이가 됐어요?"

제가 유튜브를 하면서 가장 많이 들었던 질문입니다. 그때마다 주마등처럼 스치는 일들, 구구절절한 저만의 이야기를 뒤로하고 그냥 '내 집 마련하고 싶어서요'라고만 대답했어요. 그것도 맞지만 언젠간 자세하게 이야기하고 싶었습니다. 왜 욜로족에서 짠순이가 됐는지, 왜 짠테크로 돈을 모으기 시작했는지 말이죠. 이 책은 그에 관한 이야기입니다.

20대 초반에는 어른이 되면 자연스럽게 집이 생기는 줄 알았어요. 그리고 서른 살이라는 나이에 가까워질수록 불안감이 커졌어요. 지금도 돈이 없고, 앞으로도 돈이 많지는 않을 거라는 불안감이요. 하지만 그때는 그 불안이 정확히 어디서 비롯되는지도 몰랐고, 불안하니까 뭔가는 해야 했고, 이 두 사실이 합체! 하며 끝없이 소비하는 욜로족 김지은을 뿜뿜질했습니다. 스무 살 때부터 일을 했지만 돈은 쓰라고 있는 거지, 모은다는 공식은 제 머릿속에 없었어요. 당연히 재테크에 관심도 없었고요.

돈을 모으게 된 계기는 관심의 초점을 돈이 아니라 저 자신에게 돌리면서부터였어요. 진짜 내가 이 옷을 입고 싶나? 술자리에서 정말 재밌나? 네일아트 예쁘긴 한데 내 생활에 도움이 되나? 여러 질문들을 하게 되었어요. 그런 소비들이 정말 제가 원해서 한 것인지, 남들 따라서, 남의 말에 휩쓸려서 한 것인지. 나에게 정말 행복하냐고 물어봤어요. 그 질문의 끝에는 온전한 쉼을 누릴 수 있는 내.집.마.련.이라는 꿈이 있더라고요. 그 꿈을 위해 돈을 모으기 시작했어요.

제가 정신을 차리고, 돈을 모으고, 재테크라는 걸 하다 보니 재테크는 정보 싸움이나 기술 문제가 아니더라고요. 결국 내가 나를 얼마나 잘 알고 있느냐의 싸움이었습니다. 대부분 재테크를 해야겠다고 생각하면 '돈을 어떻게 모으지?' '돈을 어떻게 불리지?'만 생각합니다. 하지만 전 그 전에 '왜 돈을 썼지?'부터 생각해야 하는 것 같아요. 진짜 내 마음의 이야기를 먼저 들어야만 풀리는 숙제들이 있더라고요. 짠테크를 몰라주는 사람들 사이에서 느낀 외로움, 젊은 사람이 이렇게 사는 게 맞는 걸까 하는 불안감, 초보적인 질문 같아서 묻지 못했던 부끄러움, 무엇부터 어떻게 해야 할지 모를 막막함, 내가 오를 수 없는 미지의 재테크 세계 같아서 오는 좌절감 등을 풀어가는 과정을 이번 이야기에 담았습니다.

욜로족 시절 누군가 제게 "지은아, 소비로 너를 증명하지 않아도 돼"라는 말만 해줬더라도 전 조금 더 빨리 재테크에 눈을 떴을 것 같아요. 욜로족 부족원일 때 돈을 제일 많이 쓴 달에 가장 행복했을까요? 아뇨. 오히려 많이 불안했습니다. 내 감정을 어르고 달래는 수많은 방법 중 소비라는 선택밖에 못하는 누군가에게 이 책을 전합니다. 저도 아직 진행 중이니까 이 책을 시작으로 저와 함께 부자 되는 길을 걸어요! 평생 아끼고, 평생 구질구질(?)하게 살라는 말이 아닙니다. 살면서 한 번은 짠테크 해볼 만합니다. 해볼 가치도 있고요. 나 자신을 사랑하는 쉽고 빠른 방법이거든요.

짠테크 시작할 준비되셨나요?

PART1.

쉬지 않고 일하는데,
돈이 계속 없다?!

KEYWORD

욜로

연관 키워드

행복, 한 번, 인생, 나, 남, 모임, 단톡방, 황새, 뱁새,
명품, 외제차, 금수저, 현실, 통장 요정 실종, 비관,
자책, 무기력, 목표, 인정

내로라하는 욜로족인데, 왜 안 행복하지?

무남독녀 외동딸. 네, 그게 바로 접니다.

어릴 적부터 사이좋은 부모님 곁에서 사랑받으며 자랐다. 항상 이름 대신 '예쁜 딸' '사랑스러운 딸' '귀한 딸'로 불렸다. 그래서 (?!!) 중학교 1학년 때 내 성적표를 보신 부모님은 나를 필리핀으로 보냈다. 학부모 모임에서 1, 2등 하는 친구들의 엄마에게만 질문이 쏟아지는 걸 보며 각자의 특별함 대신 등수로만 평가되는 게 너무 속상하셨다고 한다. 필리핀에서 여러 사람들과 같이 지내며 공부보다 더 중요한 것들을 깨닫기 바라셨던 것 같다. 부모님의 소원대로 난 필리핀에서 30명이 넘는 한국인 언니, 오빠들과 한집에 살면서 작은 사회를 경험했다.

항상 부모님의 사랑을 받아왔기에 그곳에서도 내심 언니, 오빠 들에게 사랑받는 막내가 되고 싶었다. 거기서는 대부분 서로를 별명이나 영어 이름으로 불렀는데, 당시 나의 별명은 '돼지'였다. 정 없어 보이게 성과 이름을 부르는 것보다 훨씬 더 친근하게 느껴져서 그렇게 불리는 게 마음에 들기도 했다. 그러다 어느 날 친한 오빠 둘이서 갑자기 이런 장난을 쳤다.

A오빠 : "야, 너는 돼지(내 별명)랑 고급 주택에 살 거야, 아니면 김태희랑 반지하에서 살 거야?"

내 옆에 있던 오빠가 어이없다는 듯 웃으면서 대답했다.

B오빠 : "당연히 김태희랑 반지하지! 지은아, 너는 남자 만나려면 엄청 예뻐지거나 아니면 돈이 엄청 많아야 돼. 알겠지?"

필리핀 유학 생활 4년 중 가장 또렷하게 기억하는 사건(?)이다. 평소 같으면 그냥 같이 웃고 넘겼을 텐데, 그날따라 유독 그 말이 온 심장을 찔렀다. 다 같이 웃고 있는 분위기를 망치고 싶지 않아서 "아, 뭐래~" 하고 말았지만 자꾸 눈물이 났다. 괜히 하품하는 척하며 말을 돌렸다. 스스로도 이해가 안 됐다. '나 왜 울어? 장난치는 거잖아. 돼지라는 별명도 귀엽게 불러줘서 좋아했잖아. 왜 우는 거야 대체.' 이유를 찾기는커녕 그냥 대충 얼른 묻었다.

열아홉 살, 한국에 돌아왔다. 내가 생각한 것보다 상처의 힘은

컸다. 버스 하차 벨을 못 누를 정도였으니까. 버스 뒷문에 서 있으면 모두가 날 쳐다보며 뚱뚱하다고, 못생겼다고 손가락질할 것 같았다. 벨을 누를 용기가 없어서 누군가 내릴 때 슬쩍 따라 내린 적도 있었다. 그 후에도 외모 콤플렉스는 계속 나를 따라다녔다. 스스로 여러 이유를 만들며 괴로워했고, PT에만 몇 백만 원을 쓰기도 했다. '여자는 눈이 예뻐야 한다'는 말을 들은 스물네 살의 어느 날에는 쌍꺼풀 수술을 결심했다. 300만 원에 가까운 돈을 결제하고, 수술대에 누우며 생각했다. "이제 다 죽었어." 스물네 살 가을, 그렇게 내 욜로족 라이프가 시작됐다.

예뻐 보이는 것, 인싸처럼 보이는 것에 닥치는 대로 돈을 쓰기 시작했다. 뷰티 크리에이터들의 영상을 보면서 무조건 있어야 한다는 화장품을 한두 개씩 사기 시작했고, 브랜드별로 로고가 보이게(중요) 진열해 놓는 게 멋있어 보여서 화장대도 새로 구입했다. 한두 번만 쓴 립스틱이 많은데도 립스틱을 또 샀다. 뭐가 다른지도 모를 비슷비슷한 색깔의 립스틱이지만 '어머, 이번에 나온 건 완전 말린 장미색이네'라면서 소비를 합리화했다. (말린 장미가 정확히 무슨 색인지 아직도 모른다.)

화장품만이 아니었다. 좋아하는 브랜드 매장에 가서 상의 한번 입어보고, 상의랑 어울리는 하의가 없으면 하의도 사고, 여기에 포인트가 될 가방이나 신발까지 사면 딱이겠다 싶어 결국 마네킹에 걸린 것 그대로 사곤 했다. 한 매장 들어갔다 나올 때마다 20만~30만 원은 우습게 사라졌다. 귀걸이와 반지에도 몇 십만 원씩, 네일아트 회원권을 끊어 한 달에 한 번씩 네일 디자인을 바꿨다. 여름을 맞아 탈색한 노란색을 유지하기 위해 6주에 한 번씩은 뿌리 염색을 해야 했다. 결국 헤어숍 회원권도 끊었다. 탈색을 하니 얼굴이 커 보여서 윤곽 회원권까지 끊은 건 안 비밀!

적게는 몇 십만 원, 많게는 몇 백만 원이 되는 회원권은 대부분 신용 카드 할부를 이용했다. 스무 살 때부터 공부 대신 일을 택했기에, 통장 잔액에 어느 정도 여유가 있었다. '돈을 모아야지!'라는 생각으로 모은 건 아니지만 통장에 늘 몇 백만 원 정도는 남아 있었다. 물론 욜로족 부족원이 되면서 1원도 남김없이 다 썼지만. 그때는 '난 왜 이렇게 돈을 많이 쓸까?'라는 생각 따위 하고 싶지 않았다. 돈 쓰는 기계도 이렇게까지 열심히는 못 쓸 것 같았다.

그렇게 돈을 쓰고 나니 돈 쓰기 이전의 내 모습과 180도 달라졌다. '예전과는 달라 보인다' '쎈 언니 같다'는 말이 듣기 좋았다. 어릴 적부터 항상 만만하고 순둥순둥한 이미지로만 살아왔던 나는 돼지보다 쎈 언니로 불리는 게 더 반가웠다. 나 이제 말 같지도 않은 장난에 상처받는 사람 아니야! 나 이제 달라졌다고! 예쁘게 꾸미고 사람을 만나고 부어라 마셔라 하는 삶. 그게 스트레스

♡ 〇 ◁   ⊓

좋아요 27개
kimji_94 돈 쓰는게 최고야 늘 짜릿해

를 해소하는 방식이었고, 내 삶이었다. 인생에서 한 번도 겪어보
지 못한 '꾸미는 삶' '화려한 삶'에 가까워지고 싶었고, 뭐든 최대
한 가볍게 생각했다. '넌 남자 만나려면 예뻐지든지 돈이 많든지
해야 한다'던 그 오빠의 말을 비웃으며 보란 듯이 살고 싶었다.
"나 예뻐졌거든?! 심지어 돈도 많아 보이게 꾸미고 다니거든?!"

그렇게 그때의 상처를 나름의 방법으로 극복해냈다고 생각했다. 정작 그 오빠는 내가 뭐하고 사는지 관심도 없었지만.

문제는 이렇게 돈을 쓰면 또 돈을 쓰는 길로 들어서게 된다는 거다. 꾸몄으니 누군가를 만나야 했다. 꾸밀 대로 다 꾸몄는데 집에만 있으면 억울하니까! 그 결과 1년 술값만 500만 원. 아무리 더치페이를 해도 3만~4만 원은 기본이고, 가끔은 술에 잔뜩 취해서 "내가 쏠게~"라며 10만~20만 원이 넘는 금액을 아무렇지 않게 결제했더라, 과거의 나야?! 그래도 당시에는 큰 금액이 아니라고 생각했는데, 1년을 돌이켜보니 500만 원이었다. (술값만 500만 원이니까, 친구들과 간 카페, 모임에서 쓴 밥값까지 포함하면 그 이상이겠지.) 1년 동안 마음먹고 모아도 모으기 쉽지 않을 금액을 술자리에서 술 마시듯 후루룩 써버렸던 것이다. 밤 11시 30분이면 끊기는 광역버스를 보내곤 강남에서 용인까지 택시를 타기 일쑤였다. 이 세상에서 가장 신난 사람처럼 놀았지만, 남는 건 숙취와 카드값뿐이었다.

그렇게 3개월이 지나고, 6개월이 지나고 1년이 지났다. 이상하게 마음이 공허해졌다. '아니야, 공허하면 안 돼' 하고는 또 사고, 또 사고, 또 샀다. 그런데 자꾸만 이런 마음이 들었다. '어라. 이상하다. 나 왜 안 행복해?' 스스로 욜로족이라 자부하고 있었던 만큼 나는 행복해야 했다. 하지만 알 수 없는 공허함은 더욱 커질 뿐이었다.

결국 욜로족 1년차였던 2019년 1월, 내 인생에 가장 우울한 시기를 보냈다. 누군가는 그냥 1년 동안 잠깐 논 것에 뭔 의미를 부여하고, 뭘 그렇게 힘들어하나 생각할 수도 있다. 하지만 10대부터 외모 콤플렉스를 안고 산 나에게 돈을 열심히 쓰고 꾸밀 대로 꾸며도 행복하지 않다는 건, 정말이지 사형 선고 같았다. '돈을 써도, 꾸며도, 매일 쇼핑을 해도, 사고 싶은 걸 다 사도 행복하지 않으면… 내 인생 진짜 노답이라는 거 아냐?' 행복해질 수 있는 유일한 방법인 줄 알았는데 그 방법이 효과가 없는데, 그럼 앞으로도 더 이상 행복할 수 없을 것 같은 느낌. 알 수 없는 우울함은 계속됐다. 욜로, 인생은 한 번뿐이니 후회 없이 이 순간을 즐기며 살 것. 현재 자신의 행복이 가장 중요하다는 의미다. 그런데 내가 보낸 시간 속에는 '나'의 행복이 없었다. 남한테 행복해 보이는 것 말고, 남의 행복 말고, 진짜 내 행복.

당신 혹시 뱁새 아닌가요?

저 김짠부와는 다른 욜로족이라고 자부하신다면 할 말 없지만, 당신이 속해 있는 욜로족 부족원들을 한 번 찬찬히 살펴보세요. "뱁새가 황새 따라가다 가랑이 찢어진다"고 합니다. 혹시 뱁새는 아니시죠?

저는 뱁새입니다. 부모님께 물려받을 재산이 있는 것도 아니고, 억대 연봉을 받는 사람도 아니었고, 지금도 아닙니다. 저는 명품백 하나를 사려면 12개월 할부를 해야 하는데, 저 말고 다른 욜로족 부원들은 그렇지 않더라고요. 돈 걱정 없는 삶, 명품과 비싼 차는 그들의 현실이지 제 현실이 아니었습니다. 제 현실은 '금수저 아님, 모아놓은 돈 없음, 직장인.' 저는 이런데, 당신은 어떤

가요?

단톡방에서 나오고, 집-회사-집-회사 반복하세요. 자신의 현실을 파악하고, 현실에 맞게 살아야 한다고 단련해도, 사람들을 만나면 다시 부러워하고 비교하더라고요. 뭔가 나만 뒤처지는 느낌? 뭔지 모르겠지만 초라한 느낌? 그래서 전 주 3, 4회 술 약속이 있는 단톡방을 포함해 업무를 제외한 단톡방을 모두 나왔어요. '만날 사람은 어떻게든 만나게 되겠지' 하는 마음으로 우선 모두 취소해보세요. 집-회사-집-회사, 최대한 단순한 스케줄 속에서 나와 친해지는 시간을 가져보세요.

현실을 인정하라는 것, 현실에 발을 붙이라는 것이 '난 이 정도밖에 안 되니까…'라며 비관하라는 말은 절대절대 아닙니다. 현실을 알고 마주해야 나만의 목표를 세울 수 있더라고요. 내 현실을 인정할 때 진짜 나를 마주할 수 있고요.

📌 김짠부님이 고정함

김짠부 재테크 / 짠테크 1주차

📌 우리 모두는 뱁새입니다
📌 금수저 아님, 모아놓은 돈 없음, 직장인
   현실로 돌아오세요
📌 집-회사-집-회사 반복하세요

KEYWORD

비교

연관 키워드

레이스, 비교, 금수저, 불행, 불안, 행운, 기준, 부러움, 질투, 현타, 외로움, 마인드셋

내게 찾아온 '비교'라는 괴물

어느 날 친구를 만나 뜻밖의 이야기를 듣게 됐다. 부모님이 친구 앞으로 집을 사뒀다는 것. 5억 정도 하는 집이었다. 부동산의 ㅂ도 모르는 친구는 이 모든 상황이 얼떨떨하다고 했다. 집에 돌아와서 방에 들어서자마자 눈물이 났다.

'왜 진심으로 축하해주지 못했을까.' 나에 대한 실망감이 가장 컸다. 제일 친한 친구에게 집이 생겼는데, 왜 진심 어린 축하 대신 부러움과 질투가 났던 걸까. 왜 서러운 마음이 들었던 걸까. 당시에 난 이제 막 욜로족을 청산하고 절약과 저축에 재미를 붙이고 있었다. 그 과정이 힘들지만 그래도 꽤 즐겁다고 생각했는데, 한순간에 5억이라는 집이 생기는 친구를 보며 이렇게 천 원, 만 원을 절약하고 저축하는 게 무슨 소용일까 싶었다. 탱탱볼처럼 튀어 오르는 수많은 감정들을 부정하려 애썼지만, 그럴수록 더 눈물이 났다.

그대로 잠들면 안 될 것 같았다. 그냥 울기만 하고 넘어가면 언제, 어디서곤 불시에 날아오는 현타에 또 휘둘릴 것 같다고 생각했다. 그날 밤 셀프 딥 토크를 했다. 왜 눈물이 났을까, 왜 서러웠을까, 왜 부러웠을까. 끝없이 '왜?'라는 질문을 던졌다. 결론은⋯ 그냥 인정하기로 했다. 부러움과 질투 나는 마음을.

인정하되 무시할 수는 없었다. 그 마음을 해결해야 했다. 1억을 모으면 2억 모은 사람이 보일 것이고, 2억을 모으면 5억 가진 사람이 보일 텐데, '비교'라는 괴물은 앞으로도 계속 찾아올 텐데, 그때마다 질투하고 부러워하며 에너지를 뺏길 수는 없다.

그렇게 스스로 '왜?'라는 질문을 던지다 보니 지금껏 나는 항상 일직선의 레이스로 살아왔다는 생각이 들었다. 나보다 앞선 누군가에게 부러움이나 질투를 느끼고, 나보다 뒤에 있는 누군가를 보며 안심하는 레이스.

"이 레이스를 벗어나자."

내가 생각하고 직접 그린 이 원형 레이스는 같은 운동장 트랙

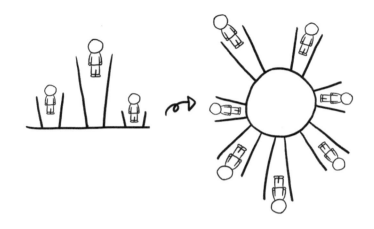

을 뱅뱅 도는 레이스가 아니다. 운동장을 돌다가도 새롭게 발견하고 찾은 나의 현 위치에 점을 찍고, 거기서 비로소 시작되고 쭈우우우욱 뻗어나가는 레이스다. 우리 집에서 시작했더라도 우리 동네로 뻗어나갈 수 있고, 서울에서 시작했더라도 한반도를 넘어 뻗어나갈 수 있고, 지구에서 우주까지도(?!) 갈 수 있는 출발점으로서의 원형 레이스다. 사실 달라진 건 아무것도 없는데, 저 일직선의 레이스를 벗어났다는 생각만 해도 마음에 있던 돌덩이가 사라진 기분이 들었다. 지구처럼 둥근 원형에서 지금 내 위치에 점을 찍고 거기서부터 앞으로 쭈우우욱 뻗어나가면 되는 것. 앞서가는 사람을 질투하고, 뒤에 있는 사람을 보며 위안을 받던 김짠

부는 이제 안녕~

　나만의 원형 레이스를 상상하고 그려보니, 우리가 그토록 바라는 성장이라는 것도 남들에 의해 짜인 진학, 취업이 아닌 나만의 성장 '포인트'를 찾아가는 것이라는 깨달음이 불현듯 찾아왔다. 앞서가는 사람도, 뒤처진 사람도 없이 그냥 자신만의 길을 자신의 속도로 묵묵히 걸어갈 수 있는 레이스. 이 그림을 생각해낸 이후로 난 웬만한 현타에도 쓰러지지 않았다. 사람이기에 부러울 수 있고, 사람이기에 질투날 수 있다. 하지만 그건 그냥 그 사람의 삶, 즉 그 사람만의 레이스다. '너는 너고, 나는 나다.' 이 심플한 공식을, 나만의 레이스를 만들고 나서야 내 삶에 적용시킬 수 있었다.

남들과 비교하지 마세요. 네, 알겠습니다. 비교하지 말라니까요. 네, 근데 그건 도대체 어떻게 하는 거죠? 예전보다 남들과 비교하는 일에서 많이 벗어났다고 자부하는 저 김짠부도, 가끔 비교의 늪에 빠집니다. 그러니 그만 물어보세요, 어떻게 비교하지 않고 살 수 있냐고요. 저도 정답은 몰라요. 근데 확실하게 아는 것 하나는 있습니다. 비교하지 않으려고 할수록 비교하게 된다는 거요. 일직선의 레이스에 있으면 앞으로 가나 뒤로 가나 언젠간 비교라는 괴물을 꼭 만날 수밖에 없어요.

 손가락의 지문처럼 하나밖에 없는 내 길, 그 길을 만들어보면 어떨까요? 비교니 뭐니 생각하지 말고, 나만 걸어갈 수 있는 이

길을 어떻게 더 행복한 길로 만들지만 생각하는 게 더 쉽지 않나요? 그 길을 걷다가 돌부리에 걸려 넘어져도, 아무도 보는 사람 없으니 다시 털고 일어나면 되고요. 누군가에게 좋은 일이 생기면 질투나 부러움보다 '아, 너만의 길을 잘 가고 있구나' 하면 그만이고요.

저는 저만의 레이스를 발견한 날을 저의 짠테크 라이프 중 가장 중요한 날로 꼽을 만큼, 저만의 레이스가 준 효과를 톡톡히 보고 있습니다. 아, 물론 가끔 아주 가끔 크나큰 비교 덩어리가 찾아올 때도 있지만 그때마다 눈을 감고 제 길을 걷고 있는 저를 떠올립니다. 마치 영화 〈아바타〉의 주인공인 것처럼? 현실은 꿈나라 입장이지만, 꿀잠이라도 자니깐요….

📌 김짠부님이 고정함

김짠부 재테크 / 짠테크 1주차

📌 '너는 너고, 나는 나다' 공식을 실천하는 법
　나만의 레이스 그려보기

▶▎ ◀))

그냥 겉보기에 화려한 것들은 결국 모래성 같대요,

지극히 평범하고 지극히 작은 것들이 모여서

비범한 결과를 낳는다고요!

작더라도 나만의 것, 좁더라도 나만의 길 찾기, 명심하세요!

KEYWORD

내 집 마련

연관 키워드

부자, 평범함, 직장인, 커리어, 선망, 어른, 월급, 현실, 무기력, 무서움, 무주택자, 티끌, 태산, 흙무더기, 가성비, 가심비, 마인드셋

꿈이라도 정해봐, 꿈꾸는 건 공짜야!

어릴 적부터 왠지 모르게 난 엄청 대단한 사람이 될 것만 같았다. 학교 성적이 좋지 않아도 부모님은 늘 '여러 사람들에게 희망을 주는 사람' '사람들에게 사랑받을 사람'이라며 사랑이 가득한 말들을 해주셨다. 그런 부모님 덕분에 난 늘 멋진 사람이 될 거라는 생각을 했다.

어릴 적부터 영상에 관심이 많았기 때문에 해외에서 이름을 날리는 영상 감독 혹은 기업을 운영하는 커리어 우먼을 꿈꿔왔다. 열정만 가득했던 나는 대학교에서 배우는 이론에 지쳐 필리핀 대학교 1학년까지만 마치고 한국으로 돌아왔다. 당시만 해도 시키는 일은 다 할 수 있다는 포부가 있었는데, 기업이 원하는 건 그

포부를 증명해준다는 결과물(졸업장, 인턴 경험 등)이었다. 그런 게 있을 리도, 필요성도 느끼지 못했던 나는 내가 다니고 싶은 회사, 내가 하고 싶은 일과는 점점 멀어졌다.

　그리고 스물다섯 살이 됐을 때, 나에겐 특별함 같은 건 없다고 결론지었다. 아침마다 밀려오는 졸음에 '오늘 아프다고 하고 회사 가지 말까' 생각하며 양치질을 하고, 한 시간 반이 걸리는 출근 길을 버텨내고, 회사 도착하자마자 퇴근을 꿈꾸는 그런 평범한 사람. 어릴 적부터 꿈꿔왔던 방송국에서 일을 하게 됐지만, 그마저도 1년 정도 지나니 '선망하던 곳'이 아닌 '월급 받는 곳'으로 바뀌었다. 특별함? 커리어 우먼? 이런 말은 머릿속에서 사라진 지 오래, 그냥 한 곳에 우직하게 다니며 따박따박 월급 받는 삶이 제일이라고 생각했다.

　너무 평범해서 평범하다고 말하기조차 지겨울 정도지만, 그렇게 난 평범한 직장인이 됐다. 평범하디 평범한 사람으로 나 자신을 받아들였다고 해서 미래에 대한 기대가 사라진 건 아니었다. 20대 중반에서 20대 후반으로, 점점 서른 살이라는 나이에 가까워지면서, 변화를 기대했다. 앞자리가 3으로 바뀌면 뭔가 많은 것들이 바뀔 줄 알았다. 예를 들면 갈아 넣은 20대의 삶이 30대에 보상받을 것 같은 느낌이랄까. 한마디로 서른 살이 되면, '짠'

하고 어른이 되는 줄 알았다. 여기서 내가 생각하는 어른이란 그 럴듯한 집에 살며 행복한 하루하루를 보내는 것이었다. 서른 살쯤 되면 차와 집이 있을 것 같았다. 하지만 현실은 달랐다. 서른 살이 점점 다가오고 있었지만, 차를 살 돈도, 집 살 돈도 없었다. 월급 170만 원. 그게 내 현실이었다.

평범한 직장인이라는 현실을 마주하면서부터 '부자'라는 단어를 열심히 멀리했던 것 같다. 어차피 그들만의 리그니까. 명품백 하나 못 사는 내 월급으로 무슨 부자? 무슨 아파트? 한 달에 100만 원씩 모아도 1년에 1200만 원인데? 한 달에 100만 원 모으기는 쉽고? 그냥 적은 월급 탓하며 사는 게 편했다. 인터넷에 올라오는 '월급은 통장을 스쳐 지나갈 뿐'이라는 짤들을 보며 위안받았다. 막연한 미래를 위해 오늘의 아메리카노를 참지 말라는 말은 너무나 달콤했다. 돈이라는 마음의 짐을 내려놓으니 하루하루가 편했다. 근데 너무 편해서 기력도 필요 없어졌는지, 점점 무기력해졌다. 아메리카노를 마셔도, 술을 마셔도, 예쁘게 꾸며도, 공허했다. 이대로 살면 20대와 별로 다르지 않은 30대를 맞이할 것이라고 걱정했는데, 예상치 못한 무기력과 공허함이 찾아오면서 그마저도 머릿속에서 사라졌다.

무기력한 나날들 대부분은 집에서 보냈다. 부모님과 함께 사는 우리 집은 용인에 위치한 전원주택이다. 집 앞에는 마당이, 바로 앞에는 산이 있고, 테라스에는 그네가 있어 멍 때리며 앉아 있을 수 있는 곳이다. 평소처럼 그네에 앉아 가만히 눈을 감았는데, 예쁜 바람 소리가 들렸다. 눈을 떴더니 눈앞에 있는 나무가 살랑거리고 있었다. 5년 넘게 살았는데, 나무가 바람에 부딪히는 소리를 그제야 듣게 된 것이다. 그때 그 바람 소리가 아직까지도 생생하다. 너무 힘주지 않아도 된다고, 넌 괜찮은 사람이라고 토닥여주는 것 같았다. 그날 이후로 난 완벽한 집순이가 됐다. 내 인생에 가장 완벽한 쉼을 경험한 나날들이었다.

그날도 평소처럼 테라스에 앉아 행복한 표정으로 나무를 보고 있었다. 문득 이런 생각이 스쳤다. '잠깐만… 근데, 이 집… 내 집이 아니네?' 공포 영화 볼 때보다 더 무섭고 소오름 돋는 순간이었다. 부모님이 서른 살 전에는 독립해야 된다고 했기에 이 행복은 시한부였다. 이 사실을 깨달았을 때 내 나이 26. 통장에 있는 돈은 300만 원. (과거 두 번의 해지로 더 이상 해지할 수 없는 청약과 해지를 못해서 억지로 넣고 있던 연금 보험…)

아빠에게 달려가 물었다. "아빠, 이런 집 사려면 얼마 필요해요?" 냉정하게 돌아온 대답은 "5억." 5억?! 내 통장 잔고가 너무 작고 귀여워서 헛웃음이 나왔다. 5000만 원도 없고, 500만 원도 없는데 5억이라니. 그렇다고 집을 포기할 순 없었다. 집이라는 공간에서 받은 위로와 말로 표현할 수 없는 이 행복을 돈 때문에 잃고 싶지 않았다. 지난날도 떠올랐다. '어른이 되면 집이 생기겠지'라며 아무것도 공부하지 않았던 내 과거 말이다. 그제야 알게 됐다. 내 집은 생기는 것이 아니라 내가 만들어야 한다는 것을.

언젠가는 집이 생기겠지 혼잣말하듯 중얼거렸던 이 말은 이제 부터 내 꿈이다! 힘들었던 하루를 온전히 위로받을 수 있는 나만의 공간! 엄마빠 집 말고 내 집! 나도 내 집 마련! 생각해보니 꿈, 소망 이런 것들을 오롯이 내 의지로 가져본 적이 있었나? 부모님의 기대 말고, 더 이상 철부지가 아니니까, 사회생활 좀 해봤으니 현실을 안다며, 노력해도 안 되는 건 안 되는 거라며, 꼭 그럴 때만 어른인 척했다. 꿈은 꼭 어릴 때만 꿔야 하나? 20대 후반이 되어도, 30대가 되어도 꿈은 꿀 수 있는 것 아닌가, 꾸지 말라고 누가 정해놨나? 내.집.마.련. 꿈이 생기자, 이전까지 해왔던 한탄은 이제 모두 핑계일 뿐이었다. 어려울수록 부딪쳐야 하고, 어떻게 하는지 모르니 배워야 하고, 괜히 했다가 돈이 없어질 것을 두려워하는 게 아니라 아무것도 하지 않는 나 스스로를 두려워했어야 했다. 더 이상 '돈 공부'라는 숙제를 미루고 싶지 않았다.

'그래, 일단 1억이라도 모아보자!'

그렇게 꿈을 담은 나의 재테크가 시작됐다.

첫째. 나는 부자가 될 수 있다.

20대에 들어선 후 왠지 모르게 부자라는 단어가 오글거렸습니다. 항상 제 미래를 생각하면 돈에 쩔쩔매는 모습부터 떠올랐고요. 오죽하면 친구들과 "우린 나중에 나이 들어도 경제 수준이 비슷했으면 좋겠다"라는 대화를 한 적도 있어요.

하지만 지금은! 다릅니다. 전 부자가 될 수 있다고 믿어요. 기사를 보니까 한국인에게 부자의 기준은 10억이라고 하네요. 예전 같으면 막연~하게 '10억?! 너무 큰돈이야!'라고 했겠지만 돈에 대해 조금씩 알아가면서 '억'이라는 금액이 꽤나 가깝게 다가옵니다. 혹 누군가 물을지도 모르겠네요. 내일 죽을지도 모르는데 돈

아껴서 뭐하냐고. 그럼 반대로 재수 없게 백 살까지 살면 어떻게
할 것인지 묻고 싶네요.

둘째. '티끌 모아 흙무더기, 그리고 태산'이다.

'티끌 모아 티끌'이라고 합니다. 저도 그렇게 생각했어요. 하지
만… 1억은 1000만 원부터 모이나? 아니죠. 1억도 100원, 1000
원부터 모입니다. 이 간단한 공식을 깨달으면 아무렇지 않게 흘
러가는 누수 지출을 막을 수 있어요. 티끌 모아 태산이 여전히 믿
기지 않는다면, 티끌 모아 흙무더기 정도는 만들 수 있는 현실을
봐야 해요. 티끌조차 못 모으면 결국 아무것도 만들지 못한다는
걸 깨달아야 합니다.

셋째. 말과 꿈은 무료다.

제가 돈을 모으면서 가장 중요하게 여기는 것, 가.성.비. 제가
생각하는 최고의 가성비는 말하기와 꿈꾸기입니다. 돈이 하~나
도 들지 않지만 최고의 효율을 낼 수 있으니까요. 매일 아침마다
"난 경제적 자유를 이룰 거야! 난 부자가 될 거야!"라고 외칩니
다. 40, 50대에 은퇴 걱정 없이 배우고 싶은 거 배우고, 하고 싶은
거 하는 노후를 꿈꾸고요.

KEYWORD

통장 쪼개기

연관 키워드

재무 설계, 재무 목표, 1억, 김칫국, 설레발, 액션

플랜, 비상금, 현타

돈은 수단이긴 한데, 돈에도 목표는 있어야지

'1억 모으기' '돈 모으기' '재테크 시작' 등 재테크 초보가 할 수 있는 검색이란 검색은 다 했었다. 하지만 그 끝은 항상 '그러니 재무 상담을 받으세요! 무료 상담 010-1234-5678….'

그러다 '돈에도 목표가 있어야 한다'는 재무 목표라는 것을 알게 됐다. 연도, 현재 나이, 종잣돈, 총액으로 표를 나눠 100세까지 나의 재무 목표, 즉 돈 목표를 세우는 것이다. 돈에도 목표가 필요하다니. 좀 충격적이었다.

초등학생 때는 중학교, 중학생 때는 고등학교, 또 고등학생이 되면 대학교라는 목표로 공부하고… 대학교에 들어가면 또 다시 취업이라는 목표를 세운다. 근데 왜 그 누구도 돈에도 목표를 가지라고 알려주지 않았을까? 자본주의 사회에서 왜 공부 목표만 알려준 건지 조금 억울했다. (물론 난 공부 목표도 안 세웠지만….)

아무튼, 일단 나의 현 위치부터 적어나갔다. 돈의 현 위치.

연도	2019
나이	26
목돈	300만 원
저축액	0
총액	300만 원

적고나니 찾아오는 또 한 번의 현타. 스무 살 때부터 일했는데 모은 돈이 300이라니. 재무 목표라는 현실 앞에서 힙한 물건과 자랑이 범벅된 인스타그램 인증샷은 아무 쓸모가 없었다. 아무 짝에도 쓸모없는 이것들을, 할 수만 있다면 다 팔아서라도 저 총액의 숫자를 늘리고 싶었다.

'현타가 있어야 발전도 있겠지'라며 스스로를 토닥였다. 그리고 연도별 목표 금액을 쭉 적었다. 매년 은행 예금에 돈을 맡긴다는 기준으로 연도별 총액 금액을 2%씩 늘어나게끔 설정했다. (2024년부터는 투자를 염두에 두고 이자율 연 8%로 계산했다.)

목표 저축액은 매년 2000만 원. 연봉이 2400만 원이 채 되지 않았기에 작고 소중한 우리 연봉이가 들으면 비웃을 목표 금액이었다. 하지만 주말 출근을 최대한 이용하겠다는 굳은 의지로 2.천.만.원.을 적었다. 당시 내가 일하던 방송국 특성상 주말에 출근할 사람은 필요했고 당연하게도 주말에 일하고 싶어 하는 사람은 적었기 때문에 내가 주말 출근을 자처하자고 마음먹었다. 출근하면 돈도 벌고, 밥이랑 커피도 회사에서 먹고, 친구들도 못 만나니까…. '일단 돈 쓸 곳을 어떻게든 줄이면 되겠지'라고 생각했다. 2000만 원까지는 못 모은다고 해도 '이렇게 적기라도 하면 그 비슷한 금액이라도 모이겠지'라는 패기 어린 마음을 먹었다.

26세 2000만 원, 27세 2000만 원, 28세 2000만 원, 29세 2000만 원… 이렇게 쭉 적어나가니 2023년 30세라는 칸에 총액 1억이 찍혔다. 당장 내 수중에 있는 돈은 300만 원뿐이었지만, 재무 목표에 써놓은 대로만 가면 1억이라는 돈을 볼 수 있다는 생각에 심장이 뛰기 시작했다. 내 인생에 '억'이라는 숫자를 보다니! 나 이러다 부자 되는 거 아냐?

이렇게 김칫국부터 한 사발 들이켜고 나서 가계부를 쓰기 시작했다. 보통 재무 목표를 쓰기 전에 가계부나 지출 내역을 살펴보면서 자신의 고정 수입, 고정 지출을 파악하라고들 말한다.

나도 그렇게 할 수 있었겠지만 일부러 일단 1억이라는 목표와 그에 따른 계획을 먼저 세웠다. 그렇게라도 목표 금액을 내 눈으로 직접 보고 싶었다. 연봉이 2400만 원이 안 되는데 매년 2000

연도	2019	2020	2021	2022	2023
나이	26	27	28	29	30
목돈	0	2,040	4,121	6,243	8,408
저축액	2,000	2,000	2,000	2,000	2,000
총액	2,000	4,040	6,121	8,234	10,408

연도	2024	2025	2026	2027	2028
나이	31	32	33	34	35
목돈	11,241	15,380	19,850	24,678	29,893
저축액	3,000	3,000	3,000	3,000	3,000
총액	14,241	18,380	22,850	27,628	32,893

연도	2029	2030	2031	2032	2033
나이	36	37	38	39	40
목돈	35,524	41,606	48,175	55,268	62,930
저축액	3,000	3,000	3,000	3,000	3,000
총액	38,524	44,606	52,175	59,268	65,930

연도	2034	2035	2036	2037	2038
나이	41	42	43	44	45
목돈	71,204	80,141	89,792	100,215	111,473
저축액	3,000	3,000	3,000	3,000	3,000
총액	74,204	83,141	91,792	103,215	114,473

만 원을 모으겠다는 건 어떻게 보면 현실감 없는 재무 목표이긴 했지만 그만큼 서른 살에는 1억이 있었으면 좋겠다는 마음이 간절했다. 그리고 정말 신기하게도 계획대로 스물여섯 살 12월 2000만 원이라는 금액을 모았다.

사실 1억이라는 금액은 평범 오브 더 온 탑인 나 같은 사람은 본 적도 없는 돈이다. '1억 모으자' 하고 내뱉기는 했지만, 계속 1억만 생각했으면 예전처럼 막연~하게 '돈 모아야지' '아, 1억 있었으면 좋겠다' 하면서 그냥 살았을지도 모른다. 하지만 2000만 원은 뭔가 만져본 적은 있었을 것 같은 느낌적인 느낌의 액수랄까. 매년 2000만 원을 모은다고 적어 놓으니 할 수 있을 것 같았다.

사실 돈을 모으다 보면 수많은 현타가 찾아온다. '나 왜 이러고 있지?' '이렇게까지 돈을 모아야 해?' '그냥 살던 대로 살까?' 하는 생각부터 똑같이 보너스를 받아도 친구는 셀프 선물을 하고, 나는 저축 외에 아무것도 하지 못할 때 괜히 엄청 비참한 기분이 들기도 했다. (물론 지금은 저축할 때 뿌듯함.) 남과 비교하며 흔들리고 지칠 때마다 재무 목표를 보면서 버텼다. 핸드폰, 노트북은 물론이고 방 안에도 재무 목표를 붙여놨다. 지름신에 흔들릴 때마다 재무 목표를 보며 나에게 물었다. "당장 너에게 필요한 게 저 물건이야? 아니면 내 집이야?" 당연히 집이었다. 지금도 1억 모으기는 여전히 순항 중이다.

　돈에도 목표가 있어야 한다는 사실을 아무도 가르쳐주지 않았지만, 사실 알고 있었는지도 모른다. 학교 다닐 때도 공부 잘하는 친구들을 보면 무작정 공부하기보단 특정 대학을 목표로, 주요 과목을 중심으로, 취약한 과목을 보완하는 방법을 찾아 공부했던 것 같다. (물론 나는 공부로도 목표를 세워본 적이 없고, 공부 잘했던 애들이 돈도 잘 모으는지는 모르겠지만…) 자신의 돈 현실, 재정 상황이 너무 버겁게 느껴진다면 우선 아무 생각 없이, 오로지 나의 꿈과 그 꿈을 이뤄줄 하나의 도구로 돈 목표를 세워보면 좋지 않을까. 김칫국 마시다 보면 건더기라도 건지니까, 설레발치다 보면 마음도 설레고 신이 나니까.

　재무 목표는 끊임없이 흔들리고 자꾸 나무만 보려는 내 시선을 숲으로 바꿔주는 역할을 한다. 돈 액수와 그에 맞는 액션 플랜까지 세세하게 세울수록 좋다. 그림을 그리고 사진을 붙여가며 내가 꿈꾸는 멋진 미래를 상상해보자.

쓰고 남은 돈은 이 세상에 없어요, 재무 목표대로 통장 쪼개고 모아요!

제가 사용했던 재무 목표 틀을 공유합니다! 특별한 건 없지만, 직접 써보면 다를걸요?

연도	2021	2022	2023	⋯
나이				
목돈				
저축액				
총액				

액수도 액수지만 자신만의 액션 플랜도 중요합니다. 2000만 원이 모이면 본격적으로 투자 공부를 시작해보자! 5000만 원이

모이면 소액으로 투자를 시작해보자! 1억이 모이면 집을 알아보러 다니자! 이런 식으로요. 돈과 그에 맞는 계획을 짜놓으니 주변 사람의 플렉스에도 꿋꿋하게 제 길을 걷게 되더라고요.

통장 쪼개기도 중요합니다. 통장을 쪼개는 이유는 딱 하나예요. 선 저축, 후 지출. 돈 모으라고, 저축하라고 하면 우린 필요한 데 돈을 쓰고 남은 돈을 모으려고 해요. 안타깝지만 남은 돈, 남는 돈이라는 건 이 세상에 없습니다! 돈은 내 손에 있으면 그냥 다 쓰는 거 아닌가요? 그래서 통장을 굳이굳이! 귀찮게! 쪼개고 쪼개는 겁니다, 여러분. 이게 무슨 현란한 재테크 방법이 아니라 내 무의식을 통제하기 위한 자물쇠 같은 거예요.

전 통장을 4개로 쪼갰어요. 월급 통장, 저축 통장, 생활비 통장, 비상금 통장. 회사랑 연결된 은행을 월급 통장으로 정했고, 저축 통장과 생활비 통장은 주거래 은행 통장으로 만들었어요. 그리고 비상금 통장은 CMA 통장으로 만들었습니다. 월급 통장에 월급이 들어오면 다음 날에 바로 저축 통장으로 자동 이체 되게끔 설정해놨어요. 그리고 고정 지출과 생활비를 더한 금액을 생활비 통장에 이체했고, 그 안에서만 쓰려고 노력합니다. 돈이 부족하다 싶으면 집에 있는 물건을 중고로 팔기도 했어요. 주말 출근을 해서 수당을 채우기도 했고요. 내 월급의 6배는 있어야 그게 비상금 통장이라는 말을 어디서 주워듣고 매달 10만 원씩 비상금을 모았어요. 비상금은 말 그대로 비상일 때 써야 하니까, 언제든 입출금이 가능하면서 이율은 높은 CMA나 파킹 통장을 이용했습니다.

말이 나왔으니 말인데, 비상금에 대해서도 좀 더 이야기할게요. 돈을 제대로 모으기 시작한 이후로는 절대! 비상금에 손을 대지 않았어요. 정말 말 그대로! 비상일 때만 쓰기로 다짐했습니다. 아프거나, 가족에게 급한 상황이 생겼거나, 회사에서 잘렸다거나 ⑦ 등 정말 생존과 연결된 급한 상황에만 비상금을 쓰기로 했습니다. 이런 확고한 기준을 정했더니, 지금까지도 비상금에 손을 대지 않았습니다. 최대한 내가 해결할 수 있는 선에서 해결해보고 그래도 도저히 안 될 때 쓰는 돈이 비상금이라는 거! 꼭 기억해두세요.

PART2.

줄줄 새는
내 돈

수입 200만 원
지출 250만 원,
이게 가능해?!

KEYWORD

고정 지출

연관 키워드

카드 사용 내역, 지출 내역, 가계부, 교통비, 택시, 대중교통, 통신비, 알뜰폰, 단말기 할부, 할부 이자, 금리, 식비, 약속, 모임, 술자리, 기프티콘, 화장품, 옷, 꾸밈비, 정리, 버리기, 미니멀 라이프

가계부의 시작, 카드 내역 3개월 치 뽑아 보기

첫 번째로 재무 목표를 세우고 난 다음, 고정 지출을 파악하기 시작했다. 1년에 2000만 원 모으는 게 정말 가능하긴 한 건지, 그 가능성을 알기 위해선 먼저 고정 수입과 고정 지출을 알아야 했다. 물론 내 돈은 나만 쓰니까 내가 알고 알겠지만, 사실 잘 알고 있지는 못했다. 통신비, 교통비, 식비 등 고정으로 나가는 지출은 그냥 다 '대~략 10만 원쯤 나가겠지~'라는 생각뿐이었다. 더 이상 내 통장을 밑 빠진 독처럼 내버려 둘 수 없다는 생각으로, '내 주머니에서 나가는 1원까지 다 체크해보겠어!' 독하게(?!) 마음먹었다. 우선 카드사 홈페이지에 들어가 3개월 치 사용 내역을 뽑았다. 식비, 생필품, 꾸밈비, 교통비, 통신비, 월 구독 서비스 등 매달 고정으로 나가는 지출이 얼마인지 1원 단위까지 적었다.

당시 내가 살펴본 3개월 치 사용 내역은 욜로족 부족원일 때의 지출이었다. 부족원 신분이니만큼 지출의 대부분이 술, 옷, 꾸밈비라 이걸 굳이 고정 지출과 변동 지출로 나누는 게 의미가 있을까 싶었지만 일단 그중에서 고정 지출이라도 파악하려는 마음으로, 열심히 카드 내역을 가계부에 옮겨 적었다. 3개월 동안 대략 50만 원 이상이 고정으로 나가고 있었다. 10만 원인 줄 알았던 통신비는 8만9000원이었고, 20만 원쯤 될 줄 알았던 교통비는 15만 원이었다. 손 아프게 100원, 1000원까지 가계부를 적은 이유가 여기에 있다. 통신비를 대~충 10만 원이라고 생각하면 '이건 통신비니까'라는 핑계로 1만1000원을 아무렇지 않게 쓸 것 같아서, '통신비, 교통비를 어떻게 줄여'라며 합리화할까 봐. 가계부는 마음 편하려고 쓰는 게 아니라 지출을 줄이려고 쓰는 거니까, 고정 지출이라도 줄일 것은 줄여야 하니까.

고정 지출이라고 퉁치고 넘기지 않고, 줄줄 새어나가는 고정 지출 독을 고치기로 마음먹었다. 교통비는 최대한 택시를 덜 타는 방법이 제일 효과적일 것 같았다. 출퇴근 버스만 타도 한 달에 15만 원 이상 나가는데, 여기에 택시까지 타면 20만 원 훌쩍 넘기는 식은 죽 먹기였다. 물론 욜로족 시절엔 걸어서 10분 거리도 택시를 탔지만. '택시를 왜 타는 걸까?' '언제 타는 걸까?' 생각해보니 약속에 늦었거나, 너무 더워서 혹은 추워서 걷기 힘들거나 처음 가는 장소일 때 택시를 탔다. 택시를 타지 않기 위해서 항상 약속 시간보다 30분 먼저 나갔고 덥거나 추울 경우를 대비해 손선풍기나 핫팩을 챙겨 다녔다. 처음 가는 장소는 미리 온라인에서 지도와 노선을 찾아보고 길을 익혔다. 택시 차단막을 만들어 놓으니 눈에 띄게 택시 타는 일이 줄었고, 요즘은 연중행사로 탈까말까 할 정도다.

출퇴근 교통비마저도 광역알뜰교통카드를 사용하면서 줄였다. 광역알뜰교통카드는 국토교통부에서 프로뚜벅출근러를 위해 시행하는 제도로, '대중교통을 이용하기 위해 걷거나 자전거로 이동한 거리만큼 마일리지를 적립하여 지급하고, 아울러 카드사의 추가 할인 혜택을 포함하여 대중교통비를 최대 30%까지 절감할 수 있는 교통카드'다. 한 달에 1만 원에서 1만5000원 정도 아낄 수 있는 셈이다. 홈페이지를 통해 카드를 신청해서 받고, 휴대폰 앱을 깔고 출발 버튼 누르고 회사에 도착해 도착 버튼을 누르면 걸음 수까지 다 누적되어 마일리지로 계산된다. 짠테크 시작 후로 충격적이게도, 교통비가 지출 1위였던 적이 있다. 버스 정류장에서 회사까지 1.2km, 걸어 다녔던 거리를 귀찮아서 환승 버스를 탔더니 300원씩 더 붙은 결과였다. 프로뚜벅출근러에게는 열심히 걷는 것도 돈이다.

통신비 8만 원은 지금 생각하면 엄청 큰돈인데 사실 큰돈으로 인식하기가 쉽지 않다. 주변 사람들의 통신비가 대부분 10만 원 언저리라 오히려 10만 원 아래면 저렴한 편이라 여기기 쉽기 때문이다. 심지어 친구들 사이에는 2년마다 핸드폰 기종을 바꾸는 게 대단한 사람이기도 했다. 대부분 2년을 못 채우고 새 모델로 바꿨으니. 새 기종이 나올 때마다 "이 금액대에 새 폰을 쓸 수 있습니다"라는 직원의 말에 홀린 듯 폰 바꾸기도 쉬웠다. 엄청난 혜택을 받으며 바꾸는 것이라 생각했지만 알고 보면 다 내 통장 몫임을 잊었다.

통신비 줄이기 하면 가장 많이 언급되는 것이 알뜰폰이다. 예전에는 알뜰폰이라는 이름 때문에 속도도 좀 느릴 것 같고, 편리하지 않을 것 같은 느낌적인 느낌이었는데, 사실은 전혀 문제가 없는 서비스다. 항공사로 이해하면 더 쉽다. 저가 항공사는 기내식, 라운지 이용 등의 혜택은 없지만 저렴한 가격으로 비행기를 이용할 수 있다. 알뜰폰도 이와 마찬가지로 불필요한 서비스를 빼고 핵심 서비스만 남겨놓기 때문에 저렴한 가격으로 이용할 수 있다. 데이터를 무제한으로 써도 3만 원대에 이용할 수 있다. 다만 나처럼 온 가족이 같은 통신사를 이용해서 받을 수 있는 가족 할인 폭과 알뜰폰 요금을 비교해야 하는 등 자신에게 더 적합한 방법이 있는지 잘 알아봐야 한다.

통신비 줄이기에서 알뜰폰보다 더 강조하고 추천하고 싶은 중요한 것이 있다. 바로 핸드폰 단말기 원금이다. 흔히 볼 수 있는 매달 10만 원에 가까운 통신비에는 보통 2만~3만 원의 단말기 할부금이 포함되어 있다. 할부금만 포함되어 있는 것이 아니다. 핸드폰 할부에 이자도 붙는다. 대부분 핸드폰을 2년 약정 할부로 사는데 여기에 5.9%의 이자 수수료가 나간다는 다소 충격적인 사실! 세상에, 요즘 세상에, 은행 예적금 이자율이 2~3%를 넘기기 힘든 상황에 핸드폰 할부 이자가 5.9%! 말도 안 되는 이자로 통장을 갉아먹고 있다. 나는 이 사실을 알자마자 70만 원을 모아서 핸드폰 할부 원금부터 갚았다. 매달 170만 원을 저축해야 하는 상황에서 70만 원은 꽤 큰돈이었지만 잘 있지도 않은 0.5% 더 높은 적금을 찾는 것보다 5.9%를 먼저 처리하는 게 더 맞다고 판단했다. 보통은 자신의 핸드폰으로 114에 전화해 단말기값 할부 수수료가 얼마인지 물어볼 수 있다. 금액 자체는 크지 않을 수 있지만 모으는 돈의 이자보다 나가는 돈의 이자가 더 크다면, 난 억울하다.

식비는 저녁 약속에 많이 나가고 있었다. 아침은 원래 잘 안 먹는 편이었고, 점심은 회사 카드로 먹었다. 그래서 식비를 줄이기 위해서는 주 3, 4회 잡았던 저녁 약속을 주 1, 2회로 줄이는 방법 밖에 없었다. 욜로족 시절 만나던 사람들이 다 술자리에서 친해진 사람들이라 술자리 모임 단톡방만 나와도 모임 횟수가 확 줄었다. 그리고 저녁 식사를 최대한 집에서 해결하면서 부모님과의 관계가 더 돈독해졌다. 매일 나가 놀던 자식이 이제는 매일 같이 저녁을 먹으니 부모님이 더 좋아하셨다. 저녁 먹으면서 그날 있었던 일 중에 부모님이 좋아하실 만한 일들(회사에서 칭찬받은 일, 성과가 잘 나온 일 등)을 더 리얼하고 신나게 이야기하기도 했다. 효도가 별게 없구나 싶었다. 가끔은 저녁 식사도 나서서 준비해보고 아낀 돈으로 용돈이나 선물도 드린다. 짠테크로 효도도 덤으로 얻었다.

아무리 그래도 사회인이라면 저녁 약속을 빼놓을 수 없는 법. 나도 인간 리트리버라고 할 만큼 사람을 좋아하고 모임도 좋아했기 때문에 저녁 약속을 다 없앨 순 없었다. (ENFP입니다. MBTI에 진심인 편….) 그래서 캘린더에 적힌 약속들을 보며 예산을 짜기 시작했다. 대부분 약속이 있으면 '음~ 수요일에 친구 만나네' 생각하고, 그냥 그날 만나서 "야, 뭐 먹을래?" 하고, 주변에 보이는 식당 들어가서 밥 먹고, 소화시킬 겸 쇼핑하고, 다리 아프니까 카페 가서 커피랑 케이크 먹는 등 패턴이 정해져 있었다. 아~무 생각 없이 그 패턴을 따르기보다는 친구와 만나기 3, 4일 전에 캘린더를 보고 예산을 짰다. '아, 수요일에 친구 만나는구나. 이날은 최대 3만 원까지만 쓰자!'라는 식으로 말이다. 미리 가격 대비 맛있는 곳이나 할인 쿠폰을 쓸 수 있는 곳을 찾아놓았다. 내가 갖고 있는 커피 기프티콘이 있으면 그 기프티콘을 사용할 수 있는 매장 근처로 약속을 잡기도 했다. 자연스럽게 쇼핑을 하게 되는 상황에도 예전 같으면 "오, 예쁘네~ 너 이거 잘 어울리겠다"라는 친구의 말에 몇 만 원치 옷과 액세서리를 샀겠지만, 미리 3만 원이라는 예산으로 나를 꽉! 잡아놨기 때문에 아무리 예쁘고 힙해도 "예쁘긴 한데, 나 집에 이런 거 있어서~"라고 하면서 자연스럽게 지름신을 물리칠 수 있었다. 물론 처음부터 쉽진 않았지만, 예쁜 옷보다 내 집을 살 수 있는 돈이 더 예쁘고, 진짜 집에 있기도 하고, 하다 보니 점점 나만의 스킬이 쌓였다.

화장품도 마찬가지다. 무조건 줄이기보단 '일단 있는 거 다 쓰고 사는 건 어떨까?'라고 생각했다. 욜로족 시절 덕분에(?!) 3, 4번밖에 쓰지 않은 화장품이 많았다. 그것만으로도 화장품 구매는 미루고, 또 미룰 수 있었다. 반면 옷은 제일 고민이었다. 옷값은 어떻게 아끼는 걸까? 자고로 옷이라는 건 오늘 사도 내일 입을 게 없는 그런 존재니까 말이다. 일단 진짜 옷이 없는 게 맞는지 파악하기 위해 옷 정리부터 했다. 봄, 여름, 가을, 겨울 통틀어 모든 옷을 전부 다. 생각보다 많은 옷을 갖고 있어서 놀랐다. 라이더 재킷이 분명 없다고 생각해서 샀는데, 2년 전에 샀던 것이 창고에서…. (머쓱)

옷장 정리를 하면서 느낀 건 '이럴 때 입어야지~'라며 산 옷들은 잘 입지 않는다는 사실이다. 여름휴가 때 입으려 산 네온색 크롭티, 모임에서 입으려 했던 화려한 원피스, 소개팅 할 때 입으려고 산 레이스 가득한 옷… 평소에 입기는 살짝 부담스러운 옷들이 대부분이다. 회사에 입고 가면 "오늘 끝나고 어디 가?"라는 말 백 번 들을 게 뻔한 옷들. 그런 시선과 관심을 즐기는 사람이라면 괜찮겠지만, 인간 리트리버도 조용히 있고 싶은 게 회사 생활이니까… 그렇게 한두 번 입고 버림받은(?) 옷들을 보면 앞으로는 최대한 기본템 위주로 사야겠다고 다짐하게 된다. 어떤 옷과 매치해도 무난한 그런 옷들. 차마 안 사겠다는 다짐은 못 하니까 이런 다짐이라도….

그리고 또 옷을 많이 사는 이유로 같은 옷을 일주일에 두 번 이상 입기가 꺼려진다는 태도가 있었다. 왜 그런가 생각해봤더니 '똑같은 옷 입은 걸 남들이 알아볼까 봐'였다. 짠부야, 어제 회사 옆자리 선배가 뭐 입었는지 기억나니? 아니. 다른 사람도 너 어제 뭐 입었는지 몰라. 실제로 이틀에 한 번꼴로 같은 옷을 입고 "선배, 저 어제 뭐 입었는지 기억나세요?"라고 물어봤다. 돌아오는 대답은 "내가 그걸 어떻게 알아."(흥) 패션에 관심이 많은 사람은 저 사람이 뭐 입었는지, 무슨 가방을 매는지 다 체크할 수도 있다. 하지만 나와 주변 사람들은 그런 사람이 아니니까.

나보다 더 지출 내역이 복잡한 사람도 있을 테고, 자취를 하는 사람은 또 다른 변수가 있을 것이다. 사람마다 상황은 다르겠지만, 변하지 않는 사실이 하나 있다. 월급은 통장을 스쳐 지나가지 않는다는 것. 하나씩 차근차근 자신의 지출 내역을 뜯어보면 스쳐 지나가는 건 없다. 나를 통과하고 있었는데 내가 등 돌리고 있었을 뿐.

가계부 시작은 정리와 버리기

우연히 짠테크 카페에서 '미니멀 라이프'를 접했습니다. 그러다 미니멀 라이프 관련 책까지 읽게 됐는데, 거기서 머리를 한 대 때리는 내용을 봤습니다. '아파트 한 평 값이 얼만데, 쓰지도 않는 물건들로 그 공간 값을 지불하는가?' 요즘 아파트 한 평의 값이 평균 1000만~1500만 원 정도 하잖아요. 근데 저는 "언젠간 쓸 거야~"라면서 물건들에게 월세도 안 받고 그 자리를 내어줬더라고요. 물론 제 집은 아니었지만요. 아무튼 그때 저도 1일 1버리기 100일 프로젝트에 참여했습니다. 물건을 버리는 기준은 딱 두 가지예요.

1. 3개월 안에 썼는가? (입거나, 사용하거나, 바르거나 등)

2. 나에게 설렘을 주는 물건인가?

이 두 가지에 부합하지 않으면 가차 없이 버렸어요. 처음엔 좀 힘들었죠. 아무리 생각해도 나중에 찾을 것 같고, 없으면 괜히 아쉬운 그런 물건들이 많았거든요. 정말 눈 딱! 감고 버리거나 중고로 팔았는데, 신기하게도 눈에 안 보이는 순간부터 그 물건에 대한 기억이 사라지더라고요. 괜히 볼 때마다 '저거 사놓고 한 번도 안 입었네' '저 물건 쓰긴 써야 하는데'라며 죄책감 들었는데, 버리고 나니 그런 감정으로부터 자유로워졌습니다.

자유로워지다 못해 하루에 10개 넘는 물건이 정리되는 날도 있었는데요. 그래도 무조건! 하루에 1개만! 버렸습니다. 100일이라는 시간 동안 매일 내 눈으로 직접 버려지는 물건들을 보며 제 무의식에 계속 충격을 줬어요. '이것 봐. 네가 잘 쓸 거라고, 잘 입을 거라고 장담했던 물건들이야.'

물건을 버린 자리에 미니멀 라이프를 들여오면서 '신중한 소비'라는 선물을 얻었습니다.

KEYWORD

커피

연관 키워드

카페라떼, 이자, 특판, 경제 용어, 소비 습관, 누수
지출

'카페라떼 효과'보다 효과적인 '한 달 이자 만 원'

카페라떼 효과. 은어 같지만 무려 시사경제용어사전에 등재돼 있는 단어다. 식사 후에 마시는 커피 한 잔 값을 아낄 경우, 기대 이상의 재산을 축적할 수 있음을 나타냄. 즉 하루 카페라떼 한 잔 값인 소액의 돈이라도 절약해 장기적으로 꾸준히 모으면 목돈을 만들 수 있다는 의미다.

사실 돈 아끼자, 재테크 하자 하면 가장 먼저 나오는 이야기가 커피값을 아끼자는 말이다. 나도 저런 경제 용어를 알고 시작한 건 아니지만, 커피값의 중요성을 실감하고 있긴 했다. 나의 가계부에서 커피는 큰 비중을 차지하고 있었기 때문이다. 하지만 커피값을 아껴보겠다는 다짐과 실천은 생각보다 쉽지 않다. 다른 것도 아니고 커피만큼은! 양보가 안 되기 때문이다. 국가가 직장인에게 허락한 유일한 마약, 카페인. 출근길에 한 잔, 점심 먹고 한 잔 마시다 보면 하루 만 원은 우습게 나가는 커피값. 하루에 만 원이면 많이 나가긴 하지만! 아무리 그래도! 커피를 어떻게 줄이냐고! 이 과정을 무한 반복했다. 오죽하면 유튜브에 '커피가 몸에 안 좋은 이유'를 검색했을까. (하하…)

카페인 중독자인 나는 돈을 아끼기 위해 커피를 '못' 마시는 상황은 받아들이지 못했지만, 건강 염려증이 있는 나는 건강을 위해 커피를 '안' 마시는 것은 받아들일 수 있었다. 절충해서 하루에 한 잔이 적당하다는 결론을 내리고, '하루 한 잔 프로젝트'를 시작했다. 당시 회사에서 내가 속했던 팀에서는 매일 한 잔씩 고온 압축해 내린 커피숍의 커피를 사줬다. 나는 아침마다 내가 따로 사 먹는 커피 딱 한 잔만 조절하면 됐다.

사실 커피값을 줄일 수 있는 방법은 굉장히 많다. 물에 타 먹는 커피를 집에서부터 싸들고 다닐 수도 있고, 커피 기프티콘을 이용할 수도 있다. 하지만 욜로족의 멘탈로는 정말 귀찮고 힘든 일이다. 욜로족 부족원일 때 얼어 죽더라도 아이스 아메리카노를 마셔야 하는 내가 집에서 커피를 싸들고 다니니 얼음이 녹아서 생기는 물까지도 짜증났다. 귀찮음과 짜증을 이기지 못하고 그냥 사 마시느냐, 귀찮고 짜증나니까 아예 안 마시느냐. 후자면 좋겠지만, 그런 마음을 먹을 수 있는 인간이면 애초에… 그만하고, 오로지 건강을 위해 안 마신다고 생각했다.

그러던 와중에 정말 선물처럼(?) 찾아온 정보가 있었다. 이건 마치 '아브라카다브라'보다 강력한 주문, 바로 '한 달 이자 만 원'이라는 주문이다. 당시 나는 매일같이 이율 높은 적금을 알아보고 있었다. 조금이라도 높으면 갈아탈 생각으로, 발견만 하면 은행으로 당장 달려갈 기세였다. 당시 시중 은행의 금리는 1%대 후반이었고 특판이라고 뜨는 적금도 2%대 후반이었다. 그날도 어김없이 특판 정보를 검색하다가 2.3%의 적금이 떴기에, 포털 사이트에서 적금 계산기를 검색해서 계산을 해봤다. 1년 동안 매달 100만 원의 적금을 넣는다고 했을 때, 2.3%의 이율로 얼마의 이자를 받을 수 있는지 숫자를 하나하나 넣었다. 근데 웬걸. 적금 계산기에 뜬 세후 이자는 12만 6000원. 100만 원씩 12개월을 넣었을 때 받을 수 있는 이자가 12만 원대. 즉 한 달에 이자 만 원을 받는다는 것이다.

100만 원씩 매달 넣을 때 한 달 이자 만 원이라니. 좀 충격적이었다. 물론 1%도 소중하고 고맙긴 하지만 들이는 노력에 비해 1%, 한 달에 만 원 받으려고 내 돈과 시간과 노력을 이렇게나 쏟아야 한다고? 그때는 이 현실이 어이없었다.

그리고 그 숫자를 눈으로 보고나니 이런 생각이 들었다. 몇 퍼센트 더 높은 적금을 찾는 것보다, 그냥 하루에 커피 한 잔 안 마시는 게 더 낫겠다. 만약 커피를 매일 두 잔 마시는 사람이 한 잔으로 줄이면 하루에 약 5000원 돈을 아낀다. 5000원 × 30일 = 15만 원, 즉 한 달에 15만 원을 아끼는 셈이다. 한 달에 15만 원이라니. 한 달에 1500만 원씩 적금할 경우 받을 수 있는 한 달 이자다. 허허. 지금 쓰면서도 웃음이 난다. (반어법입니다.)

개인적으로 카페라떼 효과라는 경제 용어보다 '한 달 이자 만 원'이라는 주문이 나의 커피 지출을 포함해 모든 지출에 방지턱 역할을 했다. 누군가는 그랬다. 5%의 수익보다 5%의 절약이 훨씬 쉽다고. 물론 절약만 지향하는 것은 절대 아니지만, 어느 정도 일리 있는 말이라고 생각한다.

재테크가 처음이라면 수익이라는 물을 담기 전에 내 그릇을 먼저 체크해야 한다. 소비 습관, 즉 '씀씀이'라는 그릇 말이다. 그릇에 금이 가 있고, 구멍이 뚫려 있다면 아무리 물을 넣어도 다 빠지기 마련이다. 불필요한 지출을 줄이고 지출 통제 능력을 키워서 단단한 그릇으로 만들고 조금씩 물을 부어야 한다. 재테크의 기본 오브 더 탑 기본이 바로 이 단계라고 생각한다. 재테크를 시작하자마자 커피값 타령하는 것도 사실 이것 때문이다.

　'한 달 이자 만 원'은 지출 통제 능력을 키워주고 절약을 고통이 아니라 즐거운 과정으로 인식시켜 주는 효과적인 주문이다. '그래, 만 원이라도 아끼자'라는 생각보다 '난 방금 100만 원을 저축했을 때 받는 이자를 공짜로 받았다!'라고 생각하면 더 재밌으니까. 아끼는 게 아니라 번다고 생각하는 것! 커피값이 줄 수 있는 최고의 선물이다.

📌 김짠부님이 고정함

김짠부 재테크 / 짠테크 1주차

고정 지출 파악하기

📌 카드 사용 내역 3개월 치 뽑기

📌 교통비, 통신비, 식비, 월 구독료, 꾸밈비 등
　나만의 카테고리에 따라 적으면서! 분류하기

📌 무엇을 얼마나 줄여야 할지 고민될 땐
　'한 달 이자 만 원'보다 값어치 있을지 생각하기

미션 성공 후 먹는 게 더 맛있다, 짠부 쿠폰

전 스타벅스 커피를 엄청 좋아합니다. 재즈 음악이 흘러나오고, 친절한 직원들, 적당한 수다족과 카공(카페 공부)족이 섞인 그 분위기! 이 분위기보다 더 이상 좋을 순 없다 싶을 때, 스타벅스 커피를 더 맛있게 먹는 방법을 발견했습니다. 바로 일주일에 한 번 마시는 거예요. 딱 주말에만. 뚱딴지 같은 소리처럼 들리겠지만, 원래 라면도 안 먹다가 먹으면 더 맛있다고 하잖아요.

그래서 만든 게 '짠부 쿠폰'입니다. (치킨 쿠폰으로도 알려져 있고요, 나만의 쿠폰이라고 해도 좋아요!) 정말 맛있는 커피나 치킨을 사 먹고 싶을 때, 외식을 하고 싶을 때 이 쿠폰을 다 채워야만 먹을 수 있게 만들었습니다. 게임처럼 나름의 지출 룰을 정한 거죠. 이 쿠폰은 세 가지 미션을 다 해야만 사용할 수 있습니다.

미션 1. 무지출
미션 2. 10% 저축
미션 3. 원데이 미션

만약 이번 주 주말에 정말 맛있는 커피나 치킨을 먹고 싶다, 먹어야겠다 싶으면 그 주에 하루는 무지출을 해야 합니다. 그리고 치킨값의 10%를 저축하는 거죠. 만약 치킨값이 2만 원이라고 하면 2000원을 비상금 통장이나 자율 적금에 저축하면 됩니다. 마지막 원데이 미션은 나와의 약속 하나를 정해 실천하는 겁니다. 이렇게 주말 외식을 미리 준비(?)하니까 뭔가 더 뿌듯하고 재밌더라고요. 맛은 말할 것도 없고요!

KEYWORD

편의점

연관 키워드

간식, 마트, 가계부, 결산, 편리함, 다이어트, 사회
초년생, 이벤트, 할인 행사, 예산, 누수 지출

과분한 편리를 누렸던 건 아닐까?

    용인에서 서울까지 출퇴근하면서 버스에서 보내는 시간은 최소 1시간 20분, 막힐 땐 2시간이 걸렸다. 왕복하면 3~4시간…. 긴 시간을 버스에 있으니 도중에 출출할 때가 많았다. 그럴 때를 대비해 편의점을 정말 자주 갔다. 버스 타기 전에 미리 간식을 사 놓는 식이었다. 냄새가 나지 않는 초콜릿이나 단백질 바 같은 것들을 샀다.

    딱히 살 것이 없어도, 심심하면 들어가보곤 했다. 버스에서 내려서 회사까지 걸어가는 1.2km 정도의 길에서만 다섯 개의 편의점이 있었고, 다 다른 재미가 있었다. 요즘은 편의점 구경이 마트 구경보다 재밌다고 하지 않나. 실제로 그랬다. 하루가 멀다 하고 나오는 신제품들이 신기했다. SNS에서 본 '요즘 뜬다는 편의점 ○○○'이라는 제목의 카드뉴스들, 서로를 태그하는 친구들. 편의점에 들어갔다가 그 제품이 눈에 보이면 괜히 사보고 싶어졌다. 마케팅이라는 것을 알면서도 선뜻 뿌리칠 수 없는 그 마음. 편의점은 더 이상 급할 때 찾는 곳이 아닌 마트보다 더 자주 가는 곳이 됐다.

그러다 한 번은 가계부 결산을 할 때 깜짝 놀랐던 적이 있다. '어라? 나 식비 왜 이렇게 많이 썼지?' 하고 한 달 내역을 쭉 보니 대부분 편의점에서 사용한 것이었다. 안 되겠다 싶어서 간식비 카테고리를 따로 만들었다. 그래야 다음 결산 때 간식비 비율을 보고 '간식비를 줄여야겠다'는 생각을 할 것 같았다.

한 달 동안 나름대로 노력을 해봤는데도 결산에서 편의점 간식비가 꽤 큰 비중을 차지하고 있었다. 방법이 없을까 고민하다가 마트에서 미리 대량으로 사놓으면 좀 저렴하지 않을까 하는 생각이 들었다. 편의점에서 1개당 1500원 하는 단백질 바를 마트에서 10개 묶음으로 사면 9000원 정도에 살 수 있다. 그렇게 사볼까 했지만, 사람 마음이 참 웃긴 게 그건 또 싫었다. (하하) 단번에 9000원이 나간다고 하니 괜히 돈 아깝다는 생각이 들었다. 심지어 칼로리도 높은데 이걸 굳이 대량으로 사놓는다고? 그냥 참아보는 걸 택했다. 대신 같은 금액대로 견과류를 대용량으로 사서 집에서 소분했다. 내가 직접 만든 하루 견과! 그것을 매일 구급약품처럼 들고 다니면서 언제 터질지 모르는 입의 심심함을 달랬다.

돈을 모으기 전의 나는 과분한 편리함을 추구했던 것 아닐까 하는 생각을 한다. 그때의 나는 돈 나올 구멍도 없으면서, 그렇다고 돈을 아끼는 것도 아니면서 돈과 관련된 편리함이란 편리함은 다 누렸다. 문 닫을 시간이 가까울 때 마트에 가면 할인 제품이 많은 걸 알면서도 내가 편한 시간대에 가고, 마트보다 편의점이 더 비싼 걸 알지만 눈앞에 있는 편의점 문을 쉽게 열었던 것처럼 말이다. 다른 건 다 감정을 체크하면서 어르고 달래듯 지출을 체크하고 소비를 막았는데 편의점만큼은 그렇게 하지 않았던 것도, 과분한 편리함인 줄도 모르고 숨 쉬듯이 당연하게 사용해왔던 것 같다.

내가 유독 좋아했고 습관처럼 먹었던 간식들이 다 살찌는 것들이고, 편의점에서 쉽게 구할 수 있던 것들이었다. 그래서 그런지 편의점 소비를 줄이는 건 당연하게 먹던 걸 안 먹는, 내 몸에 불편함을 더하는, 하지만 결국 건강해지는 다이어트 프로젝트랑 비슷하게 생각됐다. 다이어트에 성공한 사람들이 가장 많이 받는 질문 하나가 '어떻게 식욕을 참으세요?'라고 한다. 다 각자의 방법을 이야기하다가 결국 마지막으로 하는 말은 "저도 식욕 참기 힘들죠. 냉장고 앞에서 서성이기도 하고요. 근데 그냥 참는 거예요. 건강해지고 싶으니까." 난 이 말에서 힌트를 얻었다. 한때 다이어트를 성공했던(?) 사람으로서 저 말에 크게 공감했다. 양치하고, 물을 더 마셔보고, 운동 영상 보면서 자극받고… 그래도 배가 고프면 그냥 참는 거다. 그것뿐이었다.

돈 모으는 것도 마찬가지라고 생각한다. 편하고 쉽게 돈 모으는 방법은 없다. 뭘 어렵게 생각해. 돈 모으겠다며. 그냥 참아. 그러고는 정말, 그냥, 참았다. 나름의 방법으로 물과 견과류를 챙겨 다니는 노력은 했지만, 그것으로도 안 될 때는 그냥 참았다. 앱테크로 50원, 100원, 이자율 1, 2% 더 받겠다고 하는 사람이 편의점에서 아무렇지 않게 몇 천 원씩 쓰는 게 스스로도 좀 웃기다고 생각했다. 참고, 못 참겠으면 들어갔다가 영양 성분표에 적힌 당 수치를 보고 먹을 걸 참듯이 가격을 따지며 참고, 그냥 나왔다.

가격을 따지며 내려놓아야 할 때, 가장 뿌리치기 힘들었던 것은 2+1이나 1+1 같은 할인 행사였다. 예전엔 2+1이나 1+1 이벤트를 보면 "우와, 개이득!" 하며 아무 의심 없이 한 번에 2, 3개씩 구매하곤 결국 3, 4개를 손에 들고 나왔다. 하지만 돈을 아끼면서 이게 정말 합리적인 소비인가 고민하게 됐다. 어차피 쓰는 거, 어차피 먹는 거 미리 싸게 사면 좋은 게 맞나, 다음 달에 필요한 걸

군이 이번 달에 살 필요가 있을까, 한 달 예산에 맞나.

　스물일곱 살에 1억을 모은 친구, 사회 초년생인데 10개월 만에 1500만 원을 모은 친구. 이렇게 두 명을 인터뷰할 기회가 있었는데, 이들의 공통점이 있었다. 자취를 하면서 절대 한 개 이상의 묶음 상품을 사지 않았다는 것. 라면을 살 때도 딱 한 개만 사고, 2+1 제품이어도 딱 한 개만 샀다고 했다. 지금 필요하고 지금 먹고 싶은 물건이 다음에도 필요하고 먹고 싶은 경우는 거의 없었다면서, 미리 사두는 게 오히려 결산할 때 방해가 됐다고 했다. 딱 필요한 것 하나만 샀을 때 오히려 돈이 덜 들었다고 한다.
　하지만 그건 그들의 이야기고, 나는 어차피 쓰는 거고 먹는 거라면 싸게 사고 싶다, 다음 달에 필요한 거 분명히 맞는데 이번 달에 좀 더 저렴하게 살 수 있으면 사야지, 다음 달에 2+1, 1+1 안 할 수도 있으니까 지금 사는 길을 택했다. 어차피 사야 하면 김짠부답게 부지런 떨며 할인과 적립을 챙기고, 편의점 앱의 기능을 활용하고 있다. 무조건 탄수화물 안 먹으면 다이어트 효율도 떨어지니까 건강한 탄수화물을 찾아 먹듯이, 건강한 편의점 사용 습관을 들이려고 노력 중이다. 다이어트 하듯이.

짠팁

온라인 편의점도 들르자!

　편의점이 무조건 나쁜 건(?) 아니에요. 멤버십 할인과 2+1 할인 이벤트를 잘 노리면 가끔 마트보다 싸게 물건을 구입할 수 있어요. 대부분 멤버십 할인을 잘 이용하지 못하거나 귀찮아서 그냥 결제하는데, 눈에 불을 켜고 할인받아야 합니다.

　2+1인데 한 번에 3개를 손에 들기 부담스럽다면 편의점 앱을 활용하는 방법도 있어요. GS25와 CU는 2+1 제품을 구매하면 그중 한두 개는 보관할 수 있는 기능이 있거든요. 자주 마시는 음료수가 있다면 행사 때 미리 결제해놓고, 필요할 때마다 근처 편의점에 가서 시원한 음료로 마실 수 있는 거죠. GS25는 하나를 사면 두 개를, CU는 두 개를 사면 하나를 보관할 수 있고, GS25는

▶| ◀))

어느 매장에서 구매하든지 다른 매장에서 보관 제품을 다시 바꿀 수가 있고, CU는 제품을 구매한 곳에서만 보관할 수 있는 등 약간의 차이점이 있으니 잘 찾아보며 유용하게 활용하면 됩니다. 찾아보는 만큼 아낍니다, 여러분!

그리고 편의점마다 앱으로 매달 출석 체크 행사를 합니다. GS25는 한 달 중 25일 출석하면 아이스크림이나 커피 쿠폰을 주고, CU와 세븐일레븐은 룰렛 돌리기 게임으로 포인트를 줍니다. 7포인트, 5포인트 정도인데 모이면 꽤 쏠쏠해요. 전 가끔 진짜 목마른데 물이 없을 땐 이 포인트로 물을 사먹는 답니다.

할인된 기프티콘을 구매해서 편의점에서도 활용하면 좋은데요. 아무래도 기프티콘이 있으면 공돈이라는 느낌이 들어서 간식을 좀 헤프게 사게 되더라고요. 기프티콘을 가지고 있을 때 가장 주의해야 할 부분입니다. 막 쓰면 아무 의미가 없어요. 정말 필요한 물건을 할인된 금액으로 사는 게 중요한 거죠. 대부분의 기프티콘은 유효 기간이 있기 때문에 핸드폰 사진첩에 기프티콘 폴더를 따로 만들어서 저장해두면 좋아요. 안 그러면 새로운 사진들에 묻혀 유효 기간 안에 쓰지도 못하고 버리게 될 수도 있습니다. 만약 못 쓸 것 같다면 미리 파는 것도 좋은 방법이겠죠?

KEYWORD

생활비

연관 키워드

자취, 선물, 부모님, 생필품, 편리함, 결제, 폼롤러,
모공 브러시, 샤워기 필터, 다리 마사지기, 무드등,
구매 후기, 누수 지출, 고정 지출, 변동 지출

생활이 아니라 생존을 한다는 느낌으로!

고정 지출 중 가장 고민되는 것으로 생활비를 꼽을 수 있다. 자취를 하면 하는 대로, 부모님과 함께 살면 사는 대로, 매달 꼬박꼬박 상당한 금액이 나가기 때문이다. 나는 부모님과 함께 생활하고 있지만 생활비는 따로 안 드리는 불효녀다. (하루빨리 경제적으로 독립하는 게 최고의 효도라고 믿는 1인이다.) 변명을 해보자면 안 드린 게 아니라 못 드렸다. 예전에 생활비를 드리려고 했는데, 코 묻은 돈으로 무슨 생활비를 주냐며 일절 받지 않으셨기 때문이다. 대신 분기별로 한 번씩 (나의 기준) 큰 금액대의 선물을 드렸다. 30만 원대 커피 머신, 50만 원어치 캠핑 용품, 100만 원이 넘는 다이슨 청소기, 200만 원대 화장품 등 그때그때 부모님께 가장 필요해

보이는 물건들을 1년에 3, 4번씩 드렸다. 생활비를 드리지 않아도 죄송한 마음에 선물로 나가는 돈은 있기 마련이니, 생활비를 드리는 것이 나을 수도 있다. 물론 자신의 재정 상황과 현실 등을 고려해서 부모님과 금액을 정하는 것이 좋다.

어떤 비용이건 줄일 수 있는 지출이라면 줄이고 싶은 것이 김 짠부의 마음! 하지만 교통비, 통신비 등 굵직한 고정 지출을 줄였다고 생각해서인지, 아무리 보고 또 봐도 더 이상 줄일 곳이 없었다. 내 생활의 절반을 차지하고 있는 회사와 관련된 지출 그리고 회사 생활을 제외한 시간에 나와 내 주변을 돌보기 위해 필요한 물건까지 어떻게 줄이겠냐는 생각뿐이었다. 반포기 상태였는데, 마음속 깊은 곳에서 누가 날 툭툭 쳤다. (접신 아님 주의) '너 지금 사는 이런 집에 살고 싶다며, 지금 너한테 그것보다 중요한 게 있어?' 내 집 마련을 생각하니 다른 것들을 기꺼이 줄일 수 있다는 용기가(?!) 생겼다. (이래서 다들 목표가 중요하다고 하나 보다.)

그렇게 생각하고 보니 생활비의 많은 비중을 차지하고 있는 생필품이 눈에 띄었다. 부모님 집에서 살아서 샴푸, 비누, 치약, 휴지 같은 비용은 따로 나가지 않았지만, 내 생활을 편하게 해줄 것 같은 물건들의 비용(?)을 줄여보기로 했다.

프로젝트 이름은 '생필품의 기준을 높이자!' 빠밤. 생활비는 고정 지출이라고 땅땅 못 박아놓고 당연하게 구매했던 것들을 다시 살펴봤다. 고정 지출이니 내가 조절할 수 없다고 생각했던 것을 변동 지출, 조절할 수 있는 것이라고 바꿔 생각하니 생각보다 많은 돈을 아낄 수 있었다. 당연한 것을 당연하지 않다고 생각하니, 생각보다 많은 부분에서 허점이 보였다.

요즘 같은 소비의 시대에는 '편리함'을 강조하며 수많은 제품들이 출시된다. '자취방에 꼭 필요한 필수템!'이라는 제목으로 올라오는 신박한 물건들, 각종 거치대, 화장품 전용 냉장고, 모공 브러시, 샤워기 필터, 다리 마사지기, 무드등… 없어도 큰 문제 없지만 있으면 좋을 것 같은 물건들이 많다. 이런 물건들의 특징은 그 존재를 알게 된 순간부터 나만 없는 '생필품'처럼 느껴진다는 것. 당연히 있어야 하는 물건인 듯, 아직도 이걸 안 써봤냐는 상세 페이지는 구매욕을 더욱 자극한다. 거기에 구매 후기 몇 천 개까지 두둥 하고 보면 이미 내 손은 결제 버튼에 가 있다.

내 경험상 원래 없었는데 새로 산 물건들은 대부분 오래 쓰지 못했다. 물건들을 쓰는 데도 내 시간과 노력이 필요한데 애초에 그 물건을 위해 없던 시간을 만들기는 쉽지 않다. 손에 익숙하지 않은 것들도 점점 방구석으로 밀려난다. 매일 스트레칭을 하겠다고 폼롤러를 샀지만, 애초에 스트레칭을 하던 시간이 없었다면 명품 폼롤러도 소용없다. 안 쓰는 물건을 보며 대부분 지출에 대한 반성보단 그것을 사용하지 않는 나 자신에 초점을 맞추기 쉽다. 그것도 맞는 말일 수 있지만, 안 쓰는 물건은 명백히 새어나간 지출이라는 마음으로, 이런 자잘한 지출을 잡아야 한다. 다 떨어져서 사는 생필품이 아닌 없던 것을 새로 사는 생필품은 결제 직전에 세 가지 질문을 먼저 해보고 사기로 했다.

1. 나에게 진짜 필요한가?
2. 진짜 삶의 질이 높아질까?
3. 정말 꾸준히 쓸까?

1단계인 '진짜 필요할까?'에서 가장 중요한 건 스스로에게 집요하게 묻는 것이다. 진짜 필요해? 왜 필요해? 처음엔 "응, 필요해"라고 답했지만 시간이 지날수록 1단계만 거쳐도 소비 욕구가 줄어들었다. 하지만 소비 통제가 잘 안 되던 시절엔 1단계 질문에는 0.1초 만에 대답했으므로, 바로 2단계 질문을 했다.

'이 물건을 쓴다고 진짜 삶의 질이 높아질까?' '물건이 그 값어치를 할까?' 이 질문엔 꽤나 오래 생각을 해야 했다. 사실 이건 좀 애매한 질문이기 때문이다. 아직 써보지도 않았는데 삶의 질이 높아질지 낮아질지는 모르니까. 하지만 지금껏 살면서 '있으면 좋겠다'고 산 물건들 중에 진짜 잘 쓰고 있는 물건이 몇 개나 되나 생각해보면 생각보다 많지 않았다. 다행히 이 질문에서 여러 물건들을 내려놓을 수 있었다.

하지만 2단계도 통과한 물건들이 있기 마련! 그 명예의 전당에 오른 물건 중 하나는 머리 감을 때 쓰는 빗이었다. 샴푸를 칠하고 그 빗으로 머리를 슥슥 빗어주면 편하고, 시원하고, 더 깨끗해지고 얼마나 좋을까, 1000원에 이 모든 행복을 누릴 수 있지 않을까. 고작 1000원이라는 가격까지 더해져 정말 살 뻔했지만 3단계의 벽은 높았다.

'진짜 꾸준히 쓸까?' 출근하기 바쁘고, 퇴근하면 얼른 씻고 눕기 바쁜데 빗을 그렇게 열심히 사용하지는 않을 것 같았다. 사실 여기서 대부분의 생필품이 탈락했다. 지금 갖고 있는 것부터 제대로 쓰자는 생각과 함께 물건 사기 전에 내 생활 습관을 한 번 더 되돌아보며 결제 창을 닫았다.

이렇게 생필품 구매의 기준을 높이니 고정 지출이 변동 지출이 됐고, 그 변동 지출을 줄여나가며 꽤 많은 금액을 아낄 수 있었다. 개인적으로 이 과정을 통해 돈보다 더 큰 것을 얻었다. 바로 감사하는 마음. 없어서 불행한 마음보다 있는 것에 감사하는 자세. 돈을 아끼는 과정에서 감사하는 삶을 알게 되다니. 하루하루를 꽉 채워 보낸 느낌! 돈을 써도써도 이런 기분은 못 느꼈는데!

생필품 구매의 기준을 높이는 건 '생활이 아니라 생존을 한다' 는 태도와 비슷하다. 한정된 돈을 들고 무인도에 가야 한다면 무슨 물건을 살까? 이런 마음이랄까. 지금 나 혼자 〈정글의 법칙〉 을 찍으러 간다고 생각하며 주변의 물건을 살펴보는 건 어떨까. 내 삶은 이미 윤택하다는 걸 깨닫게 될 것이다.

📌 김짠부님이 고정함

김짠부 재테크 / 짠테크 1주차

고정 지출 줄이기

📌 편리함보다 약간의 부지런함 필수

📌 '한 달 이자 만 원'보다 값어치 있을지 생각하기

📌 생활보다 생존한다는 느낌으로

짠팁

결제하기 전 답해야 하는 질문 세 가지

사고 싶은 물건	진짜 필요한가	삶의 질이 높아질까?	꾸준히 쓸까?
클렌징용 헤어 밴드	세수할 때마다 잔머리가 거슬려서 필요함	세수를 좀 더 편하게 할 수 있지 않을까?	생각해보니 집에 머리띠가 있긴 함...
...			
...			
...			
...			
...			

KEYWORD

신용 카드

연관 키워드

계약직, 프리랜서, 지름신, 할부, 좋은 빚, 나쁜 빚,
체크 카드, 할인, 무지출, 선결제, 헬스장, 피부과,
아이패드

할부로만 살 수 있는 건 내 물건이 아니래!

내 씀씀이를 돌아보자마자 바로 행동에 돌입했던 건 신용 카드 해지였다. 당시 회사에서 계약직 신분이었기 때문에 한 번 해지하면 다시 발급하기 쉽지 않을 거라는 사실을 알기에 엄청 매우 고민하긴 했다. 나의 지름신을 물심양면 지원해주는 할부를 떼어낼 수 있을지 걱정됐다. 고정 지출 중에서도 생활비 예산을 짤 때, 난 자연스럽게 할부에 기대고 있었다. '옷값을 고정 지출이라 생각하면, 매달 10만 원 정도를 옷 예산으로 잡고, 이번 달에 한 30만 원어치 샀으니까 그걸 3개월 할부하면 되겠다.' 지금 생각하면 정말 어이없는 계산법인데 당시에는 나름대로 줄이겠다고 예산을 짜는 내 노력이 가상하다고 여겼다. 그러던 어느 날 저축과 관련된 유튜브 영상에 달린 댓글이 내 뼈를 때렸다. '할부로 살 수 있는 건 님 물건이 아니에요. 정신 차리셈.'

아…? 뭔가, '할부에 고마워했지? 바보들. 그거 어차피 네 돈이야'라는 말처럼 들렸다. 여태껏 고맙게 느껴졌던 '무이자 할부'라는 친구가 알고 보니 간신배였다는 느낌까지 들었다. 사실 말만 무이자지 다음 달과 다다음 달 금액까지 미리 빼서 쓰는 것 아닌가. 내가 그랬다. 조금은 타이트한 예산을 짜놓고, 미리 적금 금액을 다 이체해버려도 그놈의 신용 카드 때문에(?! 김짠부 네 탓은 아니고?!) 예산을 넘기는 날이 많았다. '일단 쓰고 생각해보지 뭐'라며 결제하거나, 예산을 핑계로 할부를 한 적도 있었다. 이게 반복되다 보니 예산을 짜는 게 무의미해졌다. 빚에는 좋은 빚과 나쁜 빚이 있다고 하는데, 나에게 할부는 나쁜 빚이라는 결론을 내렸다. 그리고 그날 신용 카드를 잘랐다.

할부로만 살 수 있는 건 내 물건이 아니라는 말을 되새기며 강제 절약이 가능한 체크 카드로 바꿨다. 그리고 할부는 절대 해서는 안 되는 행위라고 스스로 못 박았다. 지금 같은 세일은 다시 없을 것 같은데 당장 돈이 부족해서 부모님한테 2만 원만 빌릴까 생각했던 적도 있다. 하지만 안 사면 100% 할인이니까. 남의 돈을 빌려와서까지 사야 되는 건 내 물건이 아니니까. 그렇게 스스로 소비 통제 능력을 길렀고 그 누가 옆에서 소비를 하라고 자극해도 안 쓸 수 있다는 자신이 들 때쯤 다시 신용 카드를 만들었다.

이유는 할인 때문이었다. 매달 나가는 통신비와 용인-서울 출퇴근으로 한 달에 약 15만 원 정도의 교통비를 썼는데, 신용 카드에 비해 체크 카드의 할인율은 너무 낮았다. 그래서 다시 신용 카드를 만들어도 되는지 일주일 넘게 고민하고 할인율 높은 카드를 분석하고 정보를 찾고 찾아서 만들었다. 그리고 세 가지 조건을 스스로에게 내걸었다.

1. 절대 할부는 하지 않을 것
2. 선결제를 이용해 체크 카드처럼 사용할 것
3. 매달 얼마나 할인을 받는지 결산할 것

우선 결제일별 이용 기간을 검색했다. 매달 1일에서 말일까지 사용한 금액이 그 달 신용 카드 결제 대금이 되도록 결제일을 정했다. 어차피 한 달 예산에 맞춰 지출해야 하기 때문이다. 신용 카드를 사용하면 카드 앱을 통해 그날 사용한 금액을 선결제했다. 선결제를 하면 연동해놓은 생활비 통장에서 바로 돈이 빠져나간다. 신용 카드는 원래 한 달 동안 사용한 금액이 그다음 달 중순쯤 결제되는 시스템인데, 난 이것을 사용하지 않는 셈이다.

이런 결제 시스템을 이용하면 이번 달에 얼마의 잔액이 있는지 한눈에 파악하기 어렵기 때문에 선결제를 활용했다. 돈을 쓰고 선결제를 하면서, 쓴 돈을 한 번 더 보니 반성과 각성의 효과도 얻었다.

시간이 지날수록 점점 무지출 하는 날이 많아져서 나중에는 매달 말일에 한 번에 선결제를 했다. 8월 1일부터 31일까지 쓴 금액이 다음 달인 9월 14일에 나가는 시스템인데, 매달 8월 31일에 미리 9월 14일에 나갈 돈을 선결제하는 것이다. 그리고 무엇보다 가계부를 꾸준히 썼기 때문에 예산에 비해 얼마를 썼는지 확인하기도 쉬웠다.

매달 얼마만큼 신용 카드로 할인을 받는지도 체크했다. 난 국민카드를 사용했는데 카드사 앱을 통해 '이번 달 할인받은 총 금액'이 얼마인지 볼 수 있었다. 매달 평균 만 원에서 2만 원 정도를 할인받았는데 이걸 눈으로 확인하는 재미도 있었고, 신용 카드를 알차게 활용한다는 뿌듯함을 얻기 위해 매달 금액을 확인했다. 그렇게 할인받는 금액은 '할인/이자'라는 카테고리를 만들어서 부수입으로 적었다. 여러모로 뿌듯한 할인 체크다. 이런 방법들로 신용 카드를 다시 만들기 전 내걸었던 세 가지 조건을 모두, 지금까지 잘 유지하고 있다.

신용 카드 할부의 유혹을 부르는 지출은 누구에게나 있기 마련이다. 보통 헬스장 이용권이나 필라테스 수강권, 피부과 관리처럼 3~6개월 동안 이용하는 곳들이 있다. 이 이용 기간을 마치 할부 개월로 받아들이기 쉬운데, 이것도 결국 내 지출이다! 그것도 사실은 한 번에 크게 나가는 지출이다!! 나는 이런 돈은 미리 모았다. 예를 들어 6개월에 30만 원이면 매달 5만 원씩 CMA나 파킹 통장에 따로 모아놓고 가계부에 '헬스장 적금' '피부과 저축'이라는 이름으로 메모했다. 그 정도의 할부는 괜찮다고 여기는 사람이 있을 수도 있고, 각자에게 편한 방법이 따로 있을 수 있으니 나의 방식이 정답은 아니다. 하지만 무언가를 사기 전에 미리 돈을 모아놓고 사는 연습을 하면 지름신이나 사실은 필요하지 않지만 필요한 것 같은 할부 유혹을 떨쳐낼 수 있다. 때론 기다리는 자에게 복이 있나니, 진짜 복이 다가오기도 한다. 한동안 아이패드 앓이를 했던 나는 매달 10만 원씩 따로 돈을 모았고, 그 사이에 정말 좋은 기회로 특 A급 중고 아이패드를 80만 원에 구할 수 있었다.

만약 지금 할부가 있다면, 끝없이 카드 돌려막기를 하고 있다면, 정신 차리고 할부부터 갚는 걸 추천한다. 할부가 만든 매달 빚을 사라지게 하고, 앞으로 다신 만나지 말자며 영원한 작별을 고하는 것이 좋다.

짠소리 ▶

그래도 신용 카드를 만들어야겠다면

내가 무계획으로 돈을 쓰면

카드사에선 계획적으로 돈을 청구한다.

카드사, 넌 다 계획이 있구나.

　그래도 신용 카드를 만들어서 계획적으로 사용할 자신이 있다면, 굳은 다짐과 구체적인 조건(김짠부의 세 가지 조건을 추천합니다!)을 건 후에 잘 알아보고 만들면 더 좋습니다. 요즘은 토스, 뱅크샐러드 같은 앱이나 카드사 홈페이지를 통해 신용 카드를 만들더라고요. 그리고 대부분 첫 연회비를 면제해주는 편입니다. 근데 카드사 직원에게 카드를 만들면 생각보다 더 다양한 혜택을 줍니다.

▶| ◀)

여기서 중요한 건 카드사 직원에게 카드를 추천받지 말고, 나에게 알맞은 혜택과 할인을 제공하는 카드를 미리 찾아놓고 카드사 직원에게 말해야 한다는 점! 그런 다음 카드사 직원이 주는 혜택과 앱에서 주는 혜택 중에 나에게 더 좋은 혜택을 선택하면 됩니다. 뭔가 카드사 직원 앞에서 부끄럽고 창피하고 그렇다고요? 어차피 우린 고객이니 여러 곳을 비교해보면 좋습니다! 고객이라면 당연히 할 수 있는 일이라고요!

📌 김짠부님이 고정함

김짠부 재테크 / 짠테크 1주차

신용 카드 사용법

📌 절대 할부는 하지 않을 것

📌 선결제를 이용해 체크 카드처럼 사용할 것

📌 매달 얼마나 할인을 받는지 결산할 것

KEYWORD

지름신 🔍

연관 키워드

누수 지출, 감정, 지출 통제, 절박함, 피부과, 무서움, 보험, 아이패드, 모의 투자, 지름신, 시간, 습관

지름신은 세 단계로 힘을 과시한다

지름신. 말장난처럼 만들어진 단어지만, 카드값 보면 장난이 아닌 그런 단어. 신용 카드 할부 등 지름신을 물심양면으로 서포트하는 것도 많으니 늘 내 옆에 존재하시는 신인 것 같기도 하다. 근데 생각해보면 지름신이라고 인지하는 것 자체가 이미 어느 정도 희망이 있는 것 같기도 하다. 내가 욜로족 부족원일 땐, 지름신이라는 말도 딱히 안 썼던 것 같다. 왜냐? 그냥 사고 싶으면 사는 거지, 굳이 지름신이 왔네, 살지 말지 고민이 되네 마네 하지 않았기 때문이다. 그냥 샀다….

지름신이 왔다고 생각하는 건, 자신도 안다는 거다. 이게 지금 나한테 필요한 물건은 아니며, 내 카드값은 이미 초과 상태인데,

볼수록 예쁘고 실용적일 것 같고 힙해 보이니까 사고 싶은 것이라는 걸. 그걸 지름신이 왔다고 표현할 뿐이다. 난 지름신을 '누수 지출'이라는 말로 표현할 뿐. 결국 지름신은 옛날에도 지금도 내 곁에 있다.

난 내 감정을 세세히 살피고, 생필품 등 꼭 필요한 것도 세 번씩 물어보며 샀다. 누수 지출이 통제되면서 지름신도 저 멀리서 오다가 날 보고 도망가는 느낌일 정도였다. 하지만 어디까지나 잘 되는 편이었다는 뜻이지 늘 지름신을 이긴다는 뜻은 아니다. 지름신은 이름 그대로 정말 신이신지, 두둥 하고 나를 조종할 때가 있다. 세 번 묻고는 '이건 생필품이다!'라는 결단으로 사온 물건인데 며칠 뒤 다시 보면 지름신이 오신 게 아니고서야 샀을 리 없는 물건들이 있었다.

지름신을 막으려면 지름신의 힘에 걸맞은 대응이 필요했다. 지름신을 가만히 보니 보통 세 단계로 자신의 힘을 과시했다.

1단계, 사고 싶다.
2단계, 절박하다.
3단계, 무섭다.

1단계 '사고 싶다'는 지름신이 톡 건드리기만 해도 그냥 물 흐르듯 드는 감정 중 하나다. 아무리 내가 소비 통제니 뭐니 해도 하루에 한 번은 꼭 '사고 싶다'는 생각을 하게 된다. 세상에는 사지 않으면 안 될 것 같은 물건들도 많고 쉽게 살 수도 있기 때문이다. 하지만 '사고 싶다'는 생각은 몇 번만 연습하다 보면 수월하게 넘어갈 수 있다. "사고 싶은 것도 못 사요? 그걸 안 사기 위해 연습까지 해야 된다고요?"라는 말은 무의미하다. 더 벌거나 덜 쓰거나 둘 중 하나는 해야 된다. 아니면 돈 없다고 찡찡거리질 말거나!

2단계부터는 조금 어렵다. 사실 나도 지금까지 자주 무너지는 단계다. '절박'이라는 단계. 내 피부는 원래 좋은 편이다. 하지만 올해 초부터 여드름이 나기 시작하더니, 걷잡을 수 없이 퍼졌다. 자가 치료(?!)도, 첫 번째로 간 피부과의 약도 소용없던 때, 절박한 마음으로 두 번째 피부과에 들어섰다. 두 번째 시도였던 만큼 이번엔 제발 낫길 바랐다. 그 마음이 통했는지 피부과 실장님은 "환자분~ 원장님께서 이 크림 같이 쓰면 좋을 것 같다고 하시네요" 하며 작은 크림을 권했다. 처음 보는 제품이었고, 이 피부과에서 자체적으로 만드는 뭐, 그런 크림인 줄 알았다. 가격도 몇십만 원 할 줄 알았는데, 2만9000원이라기에 잠깐의 고민 없이 바로 샀다.

항상 어떤 물건을 사기 전에 미리 검색해보고 최저 금액을 보고 중고 물건이 있는지도 찾아보는 편인데, 이 모든 과정 없이 바로 샀다. 집에 와서 혹시나 하는 마음에 검색해보니 올리브영에서도 살 수 있었다. 만약 올리브영에서 샀다면, 기프티콘을 활용해서 몇 천 원이라도 싸게 살 수 있고 CJ포인트도 적립할 수 있었을 텐데. 나답지 못한 소비였다.

외로울 때, 기분 좋을 때나 나쁠 때, 우린 이런 감정들을 소비로 푸는 경향이 있다. 정말 마음이 그럴 때는 소비를 할 게 아니라 내 마음을 들여다봐야 한다. 내 마음이 어떤 상태인지 알려고 시도하기만 해도 결제 전 단계에서 멈출 수 있다. 나는 그 감정 중에서도 절박함을 미처 알지 못했다. 내가 지금 피부 때문에 마음이 절박하다는 생각만 했더라도 크림의 후기를 찾아본다든가, 가격을 비교한다든가 더 많은 정보를 알아봤을 것이다.

조금만 정신 차려보면 절박한 마음을 이용하는 마케팅이 정말 많다. 다이어트가 가장 대표적일 것이다. 다이어트뿐 아니라 노력 없이 빨리 무언가를 이루고 싶은 그 절박한 마음에 그냥 미끼를 던진 것이고, 그때마다 그 미끼를 확 물어분다면… 뭣이 중헌디, 뭣이, 중헌 내 통장만 확 헐릴 뿐이어.

절박함에서 더 나아간 극적인 감정 '무서움'을 건드리면 대부분의 사람들은 아무 저항 없이 지갑을 연다. 사고, 병, 죽음에 대한 두려움으로 각종 보험료에 지갑을 여는 것처럼 말이다. 물론 이런 소비가 무조건 잘못됐다고 할 수는 없지만, 대부분의 감정은 이런 소비로 풀어지지 않는다는 걸, 사실 우리 모두 알고 있다. 그러니 뭔가를 사는 순간에 꼭 한 번이라도 내 감정을 먼저 돌아보는 연습을 해야 한다. 사고 싶은 건지, 절박한 건지, 무서운 건지. 먼저 스스로 대화를 해보고 그다음에도 이게 필요한 소비라고 느껴지면 그때 사도 결코 늦지 않다.

아무리 물어봐도 사고 싶은 물건은 꼭 있다. 사람마다 그 종류는 다르겠지만 없을 수는 없고, 꼭 있다. 나에겐… 아이패드가 그랬다. 정말 꼭 갖고 싶었다. 이 정도 갖고 싶으면 사야 할 물건이라고 생각할 정도였다. 바로 살 수도 있었지만, 잠시 나를 붙들고 내가 이걸 왜 사고 싶은지 쭉 적어봤다.

한쪽에 사고 싶은 이유를 적었고, 다른 한쪽에는 대체품을 적었다. 그림 연습을 하고 싶다. 그건 종이에도 가능하지 않느냐. 캘린더를 써서 시간을 효율적으로 쓰고 싶다. 그건 휴대폰 앱으로도 가능하니 먼저 쓰는 연습부터 해라. 이렇게 적고 보니 아이패드가 있다 치고, 종이나 앱 등 대체품으로 먼저 써보자고 생각했다. 사실 그림이나, 필기, 스케줄 정리 이런 것들은 다 '아이패드가 생기면 하겠다'는 것들이었다. 지금까지 쓰지 않았던 시간

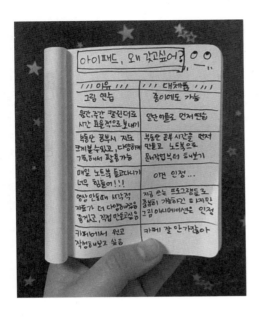

을 써야 하는 일들이라 미리 습관을 만들어 놓는 것도 좋다고 생각했다. 그리고 그동안 돈을 모았다. (이건 거의 사겠다는 건데…) 그렇게 약 3주간 연습하며 '굳이 아이패드 필요 없겠는데…?'라는 생각이 들었지만, 마침 그때 정말 좋은 조건으로 아이패드를 살 수 있는 기회가 생겼다. 아이패드로 작업하면서 구매한 가격 그 이상의 가치를 만들어내자는 각오를 다잡았다. 실제로 아이패드로 책도 쓰게 됐고, 노트를 활용해 유튜브나 카페 운영도 더 체계적으로 할 수 있게 됐다.

어떤 분이 내게 '최근에 직장에서 먼 곳으로 집을 옮겼는데, 출퇴근 시간을 줄이고자 중고차를 사고 싶다'는 고민을 보낸 적이 있다. 난 무조건 사지 말라고 하지 않고, 차를 이용하면서 절약하는 시간을 더 효율적으로 사용할 수 있다는 자신이 있으면 사라고 했다. 사고 싶은 물건이 자신의 생산자로서의 삶에 도움이 될지 안 될지도 생각해보면 좋을 것 같다.

 ┳ 김짠부님이 고정함

김짠부 재테크 / 짠테크 1주차

📌 신용 카드와 지름신을 되도록 멀리 두기

📌 할부로 살 수 있는 것은 내 것이 아니다

📌 사고 싶음, 절박함, 무서움 등 지름신 성격 파악

📌 꼭 사고 싶은 물건이 있을 땐
   그 물건을 사용할 시간부터 확보하기

감정에도 미니멀이 필요하다

2019. 9. 9

염려와 공포는 불필요한 것들을 소유함으로써 생겨난다.

인생의 매순간이 나에게 행운인지 아닌지를 결정짓는 기준은 감사할 수 있는가에 달려 있다.

불행은 엄연한 사유 재산이다. 불행도 재산이므로 버리지 않고 단단히 간직해둔다면 언젠가 반드시 큰 힘이 되어 나를 구원한다.

소노 아야코, 《약간의 거리를 둔다》(책읽는고양이, 김욱 옮김)

'당연히 사야지!'라고요?

당연한 것을 당연하지 않다고 생각하면

생각보다 많은 부분에서 절약할 수 있어요.

당신에겐 무엇이 당연한가요?

KEYWORD

자기계발 🔍

연관 키워드

플렉스, 변동 지출, 고정 지출, 20대, 젊음, 배움, 부동산, 임장, 유료 강의, 온라인 강의, 유튜브, 의지, 내 것, 부수입, 삶의 의미, 책, 가성비, 가심비, 행복, 욜로, 새해 다짐

성과 없어도, 알고 싶으면 플렉스! 젊으니까!

처음 재무 목표를 세웠을 때, 월 저축액은 170만 원이었다. 근데 1, 2월은 욜로족 시절이라 돈을 모으지 못했으니, 10개월에 2000만 원을 모아야 했다. 즉 한 달에 200만 원을 저축해야 한 해 목표를 이룰 수 있는 것이었다. 물론 누가 시킨 건 아니지만. 누수 지출과 변동 지출을 줄이고, 고정 지출까지 하나하나 뜯어가며 빼고 줄이다 보니, 정말 회사-집-회사-집만 왔다 갔다 하는 삶을 살았다. 이 생활 자체가 딱히 괴롭거나 우울하진 않았다. 물론 '티끌 모아 티끌이다'라는 장난스러운 말들에 괜히 혼자 상처받기도 하고, 이렇게 하는 게 맞나 의심스럽기도 했지만 그런 시간은 점점 나를 더 강하게 만들어줬고, 그 어느 말에도 꿈쩍 않게 됐다.

그런 나를 제일 흔드는 말이 있었다. 바로 "20대는 그렇게 살면 안 돼"라는 말이었다. 아니 도대체 어떻게 살아야 20대답게 사는 건데? 나 많이 놀아봤는데? 욜로 끝판왕이었는데? 혼자만의 생각으로 반박했다. 하지만 자꾸만 불안했다. 정말 이렇게 돈만 모아도 되는 건지, 내가 놓치고 있는 게 도대체 뭔지. 여행을 다녀야 하나? 근데 난 여행 안 좋아하는데… 여러 사람을 만나봐야 하나? 근데 어디서 어떻게 만나며 모임 비용은 어떻게 충당하지… 도대체 그들이 말하는 20대답게 산다는 게 무엇인지, 그럼 난 도대체 어떻게 살고 있다는 건지 도저히 알 수가 없었다.

그러던 어느 날 유튜브에서 영상을 보다가 "20대 최고의 장점이 뭔 줄 아세요? 바로 여유예요. 조급하지 않아도 되는 그 젊음의 시간." 뭔가에 머리를 떵하고 한 대 맞은 것 같았다. 서른 살 전에 1억을 모아야겠다는 생각으로 목표 금액만 보고 달리던 내게 "20대가 왜 그렇게 헐레벌떡 뛰어?"라고 하는 것 같았다. 그때 어렴풋이 깨달았다. 20대답게 산다는 것이 무엇인지. 배우고 싶은 걸 고민 없이 배우고, 한 길이 아닌 여러 길을 가보고 또 부딪쳐보고 다시 돌아와도 괜찮다는 걸.

그날 이후로 나는 내가 지금부터 하나씩 쌓아올릴 벽돌이 무엇인지 찾기 시작했다. 부동산, 주식, 재테크 공부, 1인 브랜딩,

SNS 사용법, 스마트 스토어 등, 당장 성과를 내지 않아도 괜찮으니 내가 배우고 싶었고 조금이라도 알고 싶은 것들에는 절대 돈을 아끼지 않았다.

고정 지출을 줄이기 위해 6000원짜리 음악 스트리밍 서비스도 해지했던 내가 몇 십만 원짜리 강의는 아무렇지 않게 결제했다. 55만 원짜리 부동산 임장 모임이 내가 결제한 첫 유료 서비스였는데, 아이패드를 살지 말지 몇 개월 동안 고민하는 사람에게 55만 원짜리 모임은 고민을 안 할 수 없는 거대한 존재였다. 괴로워하는 대신 나에게 어느 것이 더 기회가 될지 고민했다. 부동산 관련된 사람들과 같이 임장을 다니며 친해지고 싶었다. 내가 몰랐던 부분을 많이 알 수 있을 것 같았고, 일반 강의에서는 들을 수 없는 크고 작은 꿀팁들을 얻을 것 같았다. 그 임장 모임을 시작으로 부동산 월세 만들기 강의, 경매 강의, 스마트 스토어 강의 등 내가 듣고 싶은 강의는 다 들었다. 지금도 듣고 싶은 강의가 생기면 고민 없이 결제하는 편이다.

이미 무료로 유튜브에 많이 나와 있는데, 굳이 유료 강의까지 들어야 하는지 고민하긴 했다. 근데 이 생각은 오히려 유료 강의를 들으며 사라졌다. 무료 강의와 유료 강의의 차이는 내용에 있다기보단, 내가 강의를 임하는 자세에 변화를 주었다. 무료 강의도 유료 강의처럼 들을 수 있는 사람이라면, 당연히 유튜브나 여러 플랫폼을 통해 강의를 내 것으로 만들면 된다. 하지만 퇴근 후에 녹초가 돼서 아무것도 하지 못하는 사람이라면 유료 강의를 추천한다. 없던 의지도 만들어주는 게 바로 돈이니까. 이미 결제를 했으니 몸이 알아서 움직인다. 만약 무료 서비스면 오늘은 귀찮아서 온갖 핑계를 다 대고 그냥 침대에 눕는다. 하지만 유료 강의인데도 침대에 누워버리면 그땐 이런 생각이 든다. '유료인데도 이렇게 귀찮아서 안 하면 앞으로 뭐 배울 생각도 하지 마라.' 그리고 다시 몸을 일으켜서 온라인 강의를 듣거나, 강의 장소로 가기 위해 집을 나서기도 한다. 한마디로 내 의지를 돈과 맞바꾸는 것이다.

지금까지 불만족스러운 강의는 단 하나도 없었다. 후기로 어느 정도 보장된 강의만 들은 덕분이기도 하겠지만, 터무니없이 비싼 몇 백만 원짜리 강의, '이 수업 들으면 무조건 월 1000만 원' '아직도 회사 다니세요? 바로 퇴사할 수 있는 디지털 노마드' 같은 말도 안 되는 멘트로 꼬시는(?) 강의는 절대 안 들었다. 나랑 잘 맞는 강사들은 대부분 겸손하셨고, 당장의 수익보다 돈을 지키면서 앞으로 나아가는 게 중요하다고 강조하셨다. 개인적으로 한탕주의를 제일 멀리하는 편이다. 강사가 한탕주의 마인드로 강연을 한다면, 난 바로 환불했을 것이다.

좋아하는 작가님의 북토크, 좋아하는 애니메이터의 아이패드 드로잉 클래스, 인터뷰에서 만난 분이 진행하는 경매 클래스 등 내가 덕질하는 분의 강연은 고민 없이 듣는 편이다. 그리고 이 덕질이 결국 자기계발로 이어진다. 《기록의 쓸모》 작가님의 북토크를 들으며 기록의 중요성을 다시 한 번 깨달아 내 콘텐츠에 녹여냈고, 아이패드 드로잉 클래스로 짠순이의 그림일기를 그린 짠부툰을 선보일 계획이며, 경매 클래스를 통해 내 집 마련에 '경매'라는 선택지를 넣게 됐다.

이렇게 여러 강의를 들으며 느낀 점이 있다. 제일 가성비 좋은 강의는 책이다. 대부분의 강의는 3만 원대부터 몇 십만 원까지 다양한 금액대인데, 책은 거의 만 원대에 구매가 가능하다. 그리고 정말 알차다. 강의를 들으면서 책에 대한 마음이 달라졌다. 1년에 한 권도 안 읽던 내가, 이젠 일주일에 한 권을 읽는다. 이마저도 가성비일 수 있겠다.

난 앞으로도 수입의 10%는 책, 10~20%는 강의나 내가 배우고 싶은 것을 배우거나 도전할 것이다. 난 너무 젊으니까. 참고로 여든이 된 우리 할머니가 50대인 우리 엄마한테 넌 젊어서 좋겠다고 한다. 그리고 우리 엄마는 40대 옆집 이웃을 보며 젊어서 좋겠다고 한다. 결국 모두가 젊은 것이다. 내가 배우고 싶은 것, 알고 싶었던 것, 해보고 싶었던 것을 최소한의 비용으로 조금씩 도전해보자.

나와의 약속만 지켜도 돈이 모인다

새해마다 항상 다짐하는 국민 다짐 3종 세트가 있습니다. 다이어트하기, 다이어리 쓰기, 돈 모으기. 1월에 헬스장은 붐비고, 1월 다이어리는 **빽빽**하고, 1월에 은행 계좌 개설도 많다고 해요. 물론 1월은 딱 한 달뿐인 것을 우린 잘 알고 있지요.

이런 우리를 아주 잘 아는 듯한 앱이 있어요. 바로 챌린저스라는 앱입니다. 참가비를 내고 특정 챌린지에 도전해서 85% 완수하면 참가비를 그대로 돌려주는 시스템이에요. 심지어 돈을 좀 더 줄 때도 있고요. 100%를 달성하면 85% 미만 달성자들이 돌려받지 못한 미환급금을 나눠줍니다. 그래서 신개념 자기계발 앱 테크로 불리고 있어요.

다이어트, 운동, 공부, 가족, 생활 습관, 취미, 업무 스킬, 외국어, 감정 관리, 돈 관리 총 10개의 챌린지 카테고리가 있고 직접 만들어서 친구들끼리 할 수도 있어요. 참가비도 직접 설정이 가능한데 대부분 만 원의 참가비를 냅니다. 내가 더 의지를 태우고 싶다면 10만 원으로 해도 무방하고요.

미라클 모닝, 영양제 챙겨 먹기, 다이어리 쓰기, 헬스장 출석하기, 1만 보 걷기, 하루 한 번 하늘 보기, 5분 명상하기, 명언 쓰기 등 정말 이런 챌린지도 있구나 싶을 만큼 다양합니다. 대부분 기간은 2주라서 부담 없이 참여하기 좋고요. 평소에 잠이 너무 많아서 고민이었던 제 친구는 챌린저스로 100일째 미라클 모닝에 성공하고 있어요. 제 이야기가 아니라, 제 친구 이야기입니다.

PART3.

그걸 왜 아끼려고,
왜 사려고… 왜?

KEYWORD

문화생활비   🔍

연관 키워드

변동 지출, 취미, 카테고리, 누수 지출, 감정, 이유,
불안, 외로움, 소외, 슬픔, 불행, 비교, 소확행, 가성
비, 가심비, 자기계발, 기프티콘, 내 것, 부수입, 삶
의 의미, 씀씀이, 행복, 욜로

무조건 참지 말고 '왜'라고 물어보기

고정 지출을 다 파악하고 난 뒤 변동 지출을 뜯어보기 시작했다. 간식, 문화생활, 데이트 등 조절 가능한 지출을 변동 지출로 정하고, 최대한 줄여보자 다짐했다. 하지만 무조건 아낀다는 생각을 한 것은 아니다. 고정 지출처럼 하나씩 뜯어본다는 생각으로 변동 지출 내 소비를 되돌아봤다. 무조건 돈 쓰지 말라고 하면 분명 요요가 올 것 같았기 때문이다. (수년간의 다이어트로 알게 된 공식을 몸이 아닌 돈에 써먹을 줄이야.)

처음으로 뜯어본 변동 지출은 문화생활 카테고리에 있는 지출이었다. 처음 본 이유는 제일 만만해 보여서! 공연이나 뮤지컬은 몇 년에 한 번 볼까 말까였고, 딱히 취미라고 할 만한 것도 없었다. 그런 나에게도 단 하나 포기할 수 없는 문화생활이 있었는데, 바로 영화 보기다.

영화를 정말 좋아해서, 한 달에 한두 번은 꼭 봤다. 다른 취미도 없는데! 이것만은 포기할 수 없어서 영화 티켓을 싸게 구할 수 있는 방법을 알아봤다. 첫 번째는 통신사 멤버십 할인. 멤버십을 활용해서 월 1회 무료로 영화를 보았고, 그 이후로는 기프티콘을 활용해 평균 20~30% 저렴하게 티켓을 구매했다. 그리고 여러 강의를 듣다보니 책만큼 가성비 좋은 강의가 없다는 것을 깨닫고는, 책을 구매하되 중고서점을 활용했다. 신간은 꼭 인터넷으로 구매해서 10% 할인을 받았고, 한 서점만 이용해서 포인트를 쌓는 데 집중했다. 여러 변동 지출 중에서도 문화생활은, 뭐랄까 나의 자존감, 자기계발, 세계관 같은 것과 연결되어 있는 지점이라고 생각했다. 문화생활 지출을 무조건 없애기보다는 의식하며 구매하고, 알차게 소비하려고 노력했다.

문화생활처럼 변동 지출에서 중요하게 봐야 할 점은 '누수 지출'이다. 꽤 많은 변동 지출이 어디에 쓴지도 모르는 지출이다. 누수 지출의 핵심은 '감정'이기 때문이다. 기뻐서 사고, 우울해서 사고, 화나서 사고, 부러워서 사고, 자랑하려고 사고… 하나하나 뜯어보면 정말 감정 범벅이다. 머리로 생각하기도 전에 내 마음이 너무나 자연스럽게 사버렸기 때문에 머리는 몰랐을 뿐.

EBS 〈다큐프라임〉에서 방영한 '자본주의'에서 런던대 펀햄 교수는 이렇게 말한다. '인간이 소비할 때는 불안하거나 우울하거나 화났을 때'라고. 그리고 감정에 따라 소비 욕구가 어떻게 증가하는지 실험을 진행했다. 불안감, 소외감, 외로움, 슬픔에 맞는 상황을 던져주고 감정이 생기기 전과 후 소비에 대한 마음이 어떻게 달라지는지 체크하는 방식이다.

홈쇼핑 채널에서 "절대 후회하지 않으세요. 지금 사야 가장 저렴합니다. 여러분, 방금 브라운 컬러가 매진됐어요"처럼 불안함 자극하는 멘트가 많이 나올수록 판매량은 늘었다. 학원도 이런 불안 마케팅을 이용한다. 다른 사람들과 비교하며 "당신의 자녀는 뒤떨어질 수도 있다"며 부모의 불안을 자극한다. 사회적 배제를 두려워하는 인간의 심리를 이용하는 것이다.

이런 사회적 배제에서 느끼는 스트레스성 소비는 대학교에서도 이뤄진다. 대학생들에게 5분간 토론을 시키고 다음 토론에서는 어떤 친구와 함께하고 싶은지 적게 했다. 학생들 중 일부를 무작위로 뽑아 "안타깝지만 모두가 너와 토론하기 싫어하는구나"라고 말해줬다. 그리고 나서 그들에게 동전을 그려보라고 했는데 특이한 현상이 나타났다. '다른 친구들이 너와 토론하기 싫대'라는 말을 들은 학생들은 동전의 크기를 훨씬 더 크게 그리고, 그런 말을 듣지 않은 학생들은 대부분 동전을 작게 그렸다. 사회적 배제를 당한 학생 그룹의 소비 욕구가 상대적으로 증가한 것이다. 배척당한 외로움을 보완하고자 소비라는 욕구가 크게 자리 잡은 것이라고 한다.

슬픔이라는 감정도 예외는 아니다. 평화로운 영상을 본 집단은 처음 본 플라스틱 물통을 평균 2.5달러에 구매하겠다고 말했고, 슬픈 영상을 본 집단은 평균 10달러에 구매하겠다고 말했다. 슬픔과 연결되는 감정인 상실감이 우리 마음에 크게 자리잡을 때, 그 빈자리를 소비로 채우려는 욕구가 생기는 것이다.

소비는 결국 내 감정이 호소한 결과다. 이 공식을 이해하고 나면 가계부 쓰기의 진짜 의미를 알게 된다. 단순히 '택시를 탔음… 12,400원…' 이렇게 쓰는 게 아니라 '이때 왜 택시를 탔지? 버스를 탈 수 있지 않았나?' '나 이거 왜 샀지?' '나 이때 무슨 기분이었지' 하며 그 당시의 감정과 상황까지 머릿속에서 정리해볼 수 있기 때문이다. 이때부터 진짜 똑똑한 소비가 시작된다.

욜로족이었던 시절을 생각해보면 나는야 감정적 소비의 선두주자, 내 소비는 감정 그 자체였다. 하루는 강남역에서 약속이 있어 버스를 타고 가는데 옆에 앉은 사람이 에어팟을 꼈다. 당시엔 에어팟이 콩나물이라며 놀림 받던 시절(?)인데, 콩나물을 끼고 아이패드로 업무를 보는 그 사람이 너무 멋있어 보였다. 그래서 나는 강남역에 내리자마자 매장으로 가서 묻지도 따지지도 않고 에어팟을 샀다. 성능 비교? 가격 비교? 그런 거 없었다. 그 사람이 멋있어 보였고 부러웠고 나도 그렇게 끼고 싶은 마음에 20만 원이 넘는 이어폰을 구매했다.

이것뿐일까. 몇 십만 원짜리 반지들도 마찬가지다. 분명히 불편했다. 손 씻을 때마다 빼야 하는 것도, 비누칠하면 반지 사이에 끼는 것도, 모든 게 다 불편했다. 그런데도 샀다. 왜? 예쁘니까. 손톱 위에 손톱보다 큰 큐빅을 붙인 네일아트 때문에 머리 감을 때마다 너무 불편했지만 예쁘니까 감수했다. 남들 다 하니까 그게 불편한지도 모르고, 오히려 아무 색이 없는 손톱을 보며 "발가벗은 것 같아~ 빨리 네일숍 예약해야지"라는 말장난을 했다.

그랬던 내가 소비를 줄일 수 있게 된 것도 감정을 뜯어본 후의 일이었다. 감정을 살펴보기 전까진 '그냥 예쁘니까 사는 거지~'라고 생각했는데, 사실은 아니었다. 물론 예쁘니까 사지만, 왜 그게 예쁘다고 생각하고, 예쁜 건 알겠는데 그걸 굳이 사야 하는지 계속 묻고 또 물어보니, 결국 내 안에 남들한테 잘 보이고 싶은 마음이 있었다. 사람이라면 남들한테 잘 보이고 싶을 수 있지. 사람이라면 그렇긴 한데 나는 왜 남들에게 잘 보이고 싶을까. 더 깊이 들어가보니 외모 때문에 상처받았던 열일곱 살의 나를 만날 수 있었다.

옷 하나 사고, 네일아트 한 번 하는 걸로 뭐 이렇게 진지하냐고 할 수도 있다. 누군가는 이런 소비로 진짜 행복해질 수도 있다. 정답은 없으니까. 소비는 감정이고, 그게 나쁜 거다?! 절대 아니다. 감정이긴 하니까 그 감정을 물어보자는 거다. 난 돈 쓰는 나의 감정을 묻는 과정을 통해 내가 진짜 좋아하는 게 뭔지 알게 됐고, 좋아하는 장소와 물건에 소비를 할 땐 그 행복을 마음껏 누릴 수 있게 됐다. 다른 누수 지출을 막아가며 찾아낸 내 찐 행복, 찐 소확행이니까. 예전엔 그냥 '좋다~' 정도였다면 지금은 "너무 좋아!" "이 맛에 돈 벌고 돈 모으지!" 하며 외칠 수 있는 행복. 나에게 편안함을 주고, 행복을 주는 소비는 마음껏 만끽하는 삶. 내가 생각하는 진짜 소확행. (이것도 가성비 최고라고 생각하는 1인.)

📌 김짠부님이 고정함

김짠부 재테크 / 짠테크 2주차

📌 문화생활 지출은 알차게 소비!
　　나의 자존감, 자기계발, 세계관과 연결되어 있으니까

📌 다른 소비를 줄이고, 행복함을 뿜뿜 하며 문화생활하기

📌 온라인에 내 건물 세워보기

아니, 그걸 왜 아끼려고 하세요?

가끔 메일이나 다이렉트 메시지로 고민을 받습니다. 약간 고해성사 같기도 한 고민은 대부분 이런 내용이었어요. '제가 정말 욜로족이었는데 짠부님 영상을 보고 그래도 많이 줄였거든요. 근데 정말 이 소비만큼은 못 아끼겠어요. 전 커피를 너무 좋아해서 카페 투어를 즐기는데, 이 부분에 지출을 많이 하거든요. 근데 이것까지 아끼려고 생각하니 너무 우울해요. 어떻게 하면 좋을까요?' 커피 외에도 '옷이 너무 좋아요' '뮤지컬을 못 보면 돈 벌 이유가 없어요' 등 대상만 다르지 각자 본인이 좋아하는, 그래서 소비를 줄이기 힘든 분야가 있더라고요. 고민을 보낸 사람들 중 대부분은 혼내달라고, 일부는 정신 차리게 욕을 해달라고까지 했는데(아니 저는 그런 사람이 아닙니다만), 저는 단호하게 이렇게 대답합니다. "아니, 그걸 왜 아끼려고 하세요?"

김짠부의 짠테크는 행복한 곳에 소비하는 대신 불필요한, 조금은 덜 행복한 소비는 줄여보자는 거예요. 우리의 월급은 한정돼 있고, 200만 원 벌어서 150만 원 쓰는 사람은 300만 원 벌어도 250만 원 쓸 확률이 높기 때문에 미리 씀씀이를 개선해보자는 거죠. 여러분, 행복한 소비를 위해서 세 가지만 기억하세요.

1. 다른 소비를 줄이기
2. 행복한 소비에는 더 오버하기
3. 소비자에서 생산자로 변신하기

행복한 소비가 무엇인지 알았다면, 그 소비를 위해 다른 소비를 줄일 줄 알아야 해요. 저도 제가 행복을 느끼는 소비가 무엇인지 알게 된 후 그 소비를 위해 다른 소비는 눈에 띄게 줄였어요. (스토리가 있는 브랜드의 상품, 좋아하는 작가님의 굿즈, 그리고 온라인 클래스 같은 곳에 돈 못 아끼는 1인입니다.) 쇼핑하면서 무언가 사고 싶어져도 '아냐, 그 강의 들어야 하니까 돈 남겨둬야 해'라며 자제할 수 있었어요. 고대하고 기다리던 행복한 소비를 할 때는 더 오버하면서 기뻐했어요. 사진도 열심히 더 찍고, 주변 사람들에게 이 브랜드의 굿즈가 어떤 의미인지 설명하면서요. 그 소비를 마음껏 누렸다고나 할까요?

가장 중요한 것이 바로 '소비자에서 생산자가 되는 것'인데요. 뭔가 너무 어렵게 느껴진다면 주변 사람들에게 자랑했던 그 내용을 그대로 올린다는 느낌으로 접근해도 좋을 것 같아요. 만약 뮤지컬을 좋아하는 분이라면, 일단 뮤지컬을 저렴하게 볼 수 있는 방법이 없는지 찾아보고 그 방법을 블로그에 올리거나 인스타그램 카드뉴스로 만드는 거죠. 그리고 뮤지컬을 잘 모르는 사람들에게 뮤지컬의 매력을 소개하거나, 뮤지컬을 몇 배 더 즐길 수 있는 좌석 같은 정보성 글을 올리는 거예요. 뮤지컬을 소비만 했던 사람에서, 그 정보를 나누는 생산자가 되는 거죠. 전 이걸 '온라인에 내 건물을 세운다'고 표현하는데요. 이 과정을 꾸준히 하다 보면 더 이상 소비가 아닌 온라인 생산을 위한 투자가 됩니다.

가는 곳마다 최대한 사진을 많이 찍고, 나만의 감정을 많이 기록해두세요. 나에게만 당연한 이야기고 나에게만 익숙한 것들입니다. 내 모든 것이 콘텐츠가 될 수 있어요. 소비자에서 생산자로! 더 이상 소비가 아닌 투자가 될 수 있도록! 나만의 온라인 건물에 어떤 이름의 간판을 달지 고민해볼까요?

KEYWORD

가계부

연관 키워드

반성, 목표, 간식, 카테고리, 꾸밈비, 메모, 더치페이, 지출 내역, 반성, 예산, 이벤트, 의지, 목표, 내집 마련

가계부 쓰기 실전, 자기위안용이면 쓸모없어

사람들마다 가계부를 쓰는 이유가 있겠지만, 나의 가장 큰 이유는 반성하기 위해서였다. 1년에 2000만 원을 모으겠다는 목표. 그렇게 꾸준히 모아서 서른 살에는 집을 사겠다는 뚜렷한 목표가 있었고, 그러기 위해선 매달 170만 원 이상의 금액을 모아야 했다. 하지만 월급은 턱없이 부족했기 때문에 가계부를 쓰면서 내 지갑에서 들어오고 나가는 1원까지 세세하게 따져야 했다.

오후 6시에 퇴근하고 집으로 가는 데만 2시간이라 버스 타기 전에 편의점에서 1200원짜리 에너지바를 자주 사먹었는데, 그런 지출은 머릿속에서 잘 잊혀졌다. 이렇게 내 무의식에 자리잡은 소비들을 가계부라는 기록으로 남겨둔 것이다. 왜? 반성해야 하니까. 실제로 가계부를 통해 퇴근 후 간식비가 많이 나가는 것을 보고, 대량으로 견과류를 구매해 소분해서 다니기도 했다. 그 이후로 간식비가 엄청 줄었다는 건 안 비밀.

이렇게 반성의 의미, 나도 몰랐던 내 소비를 돌아보기 위한 도구로 가계부를 사용했다. 처음엔 가계부를 바로바로 쓰는 게 익숙하지 않아서 지출한 다음 날 혹은 일주일 치를 한 번에 적기도 했다. 하지만 붕어빵 1000원어치 같은 현금 지출처럼 기록이 남지 않는 지출은 자연스럽게 잊는 나를 보고는 지출하자마자 바로 가계부부터 쓰는 습관을 들였다. 최대한 1분 안에! 그냥 돈 쓰고 바로 가계부 앱을 켜는 연습을 했다. 이것도 계속 까먹길래, '가계부 쓰기'라는 글귀와 돼지 저금통 이미지를 만들어 핸드폰 잠금 화면과 바탕 화면으로 해놓았다. 시간 확인하려고 핸드폰을 봤는데 가계부 쓰기가 나오니까, "아, 맞다!" 하고 적는 식이었다. 이렇게 강제로(?!) 가계부를 쓰도록 채찍질하니, 카드를 쓰거나 현금을 쓸 때마다 바로바로 가계부 앱을 켜는 게 습관이 됐다. 지금까지도 잘 유지하고 있는 습관이다.

요즘엔 가계부 앱마다 기능이 좋아서, 카드 연계를 해놓으면 자동으로 가계부를 써주기도 한다. 근데 난 이 방법을 그닥 사용하지 않았고, 추천하지 않는 편이다. 직접 써야! 나의 소비를 한 번 더 돌아볼 수 있기 때문이다. 이왕 가계부를 쓰기로 마음먹었다면 지출 '카테고리'부터 직접 정하는 것이 좋다. '귀찮은데… 지금이 어떤 시대인데… 자동화 시대에! 그냥 있는 거대로 쓰면 되지'라고 할 수도 있다. 나도 처음에는 그랬다. 하지만 제대로 된 결산, 즉 나만의 반성을 위한 가계부를 만드는 데 기존 카테고리로는 힘들었다. 식비 카테고리로 가야 할 지출이 의류 카테고리로 갈 때도 있고, 편의점에서 산 간단한 저녁은 식비 카테고리로 가야 하는데 편의점 카테고리로 가기도 하는 등 엉망진창일 때가 많다. 월세, 대출 상환, 아이 학원비같이 당장 나에게 필요 없는 항목도 있었다.

카테고리를 짤 때는 우선 나에게 필요 없는 부분부터 지웠다. 결혼을 안 했으니 남편, 자녀와 관련된 카테고리부터 모두 지웠다. 당시에는 꾸밈비에 큰돈을 쓰지 않을 계획이었기 때문에 의류, 잡화 따로 구분돼 있던 카테고리를 의류/잡화 하나로 합쳤다. 보험도 딱 하나만 남기고 다 해지했기 때문에 보험 카테고리를 삭제하고 의료/건강 위주의 카테고리로 만들었다. 최대한 쓰지 않는 것이 목표였기 때문에 대부분의 지출 카테고리는 최대한 간단하고 한눈에 볼 수 있도록 만들었다.

카테고리를 세분화하고 직접 적으면 제대로 반성할 수 있다.

예를 들어 다음 두 사람의 가계부를 비교해보자. 두 사람이 같은 날 마트에서 똑같은 상품을 샀다고 가정하고, 가계부를 썼다고 치자.

A의 가계부		
9월 8일		
품목		금액
생필품		35,000
일일 합계		35,000원

B의 가계부		
9월 8일		
품목		금액
의류/잡화	잠옷 바지	10,000
식비	닭강정	10,000
생필품	마스크	15,000
일일 합계		35,000원

A는 9월 30일에 한 달 가계부를 보며 결산할 때 이렇게 생각할 확률이 높다. '도대체 왜 돈이 없는 거지? 사치를 한 것도 아니고, 난 나름 절약하고 있는데!' '(9월 8일 지출을 보며) 생필품 비용을 어떻게 줄여? 다 쓸 만한 곳에 쓴 건데 어디서 돈이 새는 거야?' 반면 똑같은 지출을 했던 B는 본인이 자세하게 쓴 가계부를 보며 이런 생각을 할 수 있다. '잠옷 바지를 만 원 주고 샀네… 굳이 살 필요가 있었을까? 집에 잠옷도 많은데… 필요하지도 않은 지출을 한 것 같아' '저날 혼자 만 원어치 닭강정을 사서 다 먹지도 못했어. 5000원짜리 컵 닭강정으로 먹을걸… 먹고 배고프면 또 사 먹으면 되니까 처음부터 많이 사지 말자.'

똑같이 3만5000원을 지출했는데 10월에 더 돈을 절약할 수 있는 사람은 단연코 B이다. 사실 저기 나오는 A와 B는 둘 다, 나 김짠부다. 가계부를 쓰기 시작하면서 A와 같은 과정을 수없이 반복했다. '나 진짜 사치도 안 하고, 나름 돈 아낀다고 아끼는데… 정말 억울하다'라는 마음이 한동안 계속되었다. 억울하니 계속 억울하고, 답답하고, 짜증나고, 내 인생은 답 없는 것 같고… 우울해하며 기운을 뺐다.

하지만 어느 날 내 가계부를 보며 궁금해졌다. 생필품으로 뭘 샀길래 이만큼 썼지? 하지만 제대로 메모해둔 게 없으니 어떤 물건을 샀는지 알 방법이 없었다. 그래서 B처럼 나에게 맞는 카테고리, 즉 제대로 반성할 수 있는 카테고리를 설정했고 메모도 자세히 남겼다. 그 이후로는 누수 지출, 즉 쓰지 않아도 되었던 지출이 눈에 들어오기 시작했다. 그때부턴 인생 한탄이 아니라 반성과 가계부를 쓰는 나만의 요령도 생겼다. 혼자 밥을 먹거나 더치페이를 한 날은 '식비' 카테고리에 넣고 메모에는 '돈가스/콜라'처럼 먹은 음식을 적었다. 친구나 지인에게 밥을 산 날은 음식 메모 옆에 같이 먹은 사람의 이름을 적었다. '돈까스/파스타/콜라[유림이]'라고 말이다. 이왕 친구를 만나 밥을 먹을 거라면 평소에 먹고 싶었던 메뉴를 고른다거나 같은 메뉴를 연달아 먹고 질려서 남기는 일이 없는지 등을 살펴보곤 했다.

지출 내역, 결산을 보며 반성했다면, 반성으로만 끝나서는 안 된다. 이를 토대로 예산을 짜야 한다. 사실 반성은 예산을 짜기 위함이라고도 할 수 있다. 단연코! 가계부에서는 결산보다 예산이 중요하다고 생각한다. 앞으로는 이런 데 돈을 쓰지 말아야겠다, 돈을 열심히 모아야겠다 등 다이어리처럼 쓰고 생각하는 가계부는, 안타깝지만 자기위안을 위한 가계부일 뿐이다.

사전에서 '예산'이라는 뜻을 찾아보면 세 가지가 나온다. '필요한 비용을 미리 헤아려 계산함. 또는 그 비용' '진작부터 마음에 두어 작정을 함. 또는 그 작정' '국가나 단체에서 한 회계 연도의 수입과 지출을 미리 셈하여 정한 계획.' 이 중에서도 '진작부터 마음에 두어 작정을 함'은 내게 아주 찰떡 같은 문장이다. 내 식으로 바꾸어보면 '내 집 마련을 마음에 두어 전달 말일부터 돈을 아낄 작정을 함'이다. 예산을 짜는 이유는 내 무의식을 믿지 않기 때문이다. 여태껏 아주 자연스럽게 소비 생활을 해왔던 나를 믿지 않고, 예산이라는 '의식'으로 미리 강제성을 부여하는 것이다.

매달 1일이 오기 전에 캘린더를 보며 친구와의 약속, 생일, 가족 모임 같은 행사들을 체크하고 그에 맞는 예산을 짰다. 만약 식비 예산을 10만 원으로 잡았다면, 그에 맞게 약속 횟수도 조절했다. 고정 지출인 교통비도 철저하게 출퇴근 날 수에 맞춰 버스만 탔을 때 나오는 금액으로 잡았다. 택시를 탈 생각은 아예 하지도 못하게….

아무리 예산을 알맞게 짜도 가끔은 예산을 넘는 소비를 할 때가 있다. 그럴 땐 '에휴, 예산보다 더 썼네~' 정도로만 생각하지 않고, 악착같이 예산에 맞추려고 노력했다. 수입의 80%를 저축하기로 했는데, 매달 15일쯤 중간 결산을 해보고 지출이 많아서 저축은 70% 정도만 할 수 있을 것 같다 싶으면, 수입을 늘리려고 여러 방법을 동원했다.

짠테크 카페에 올라오는 이벤트 정보방을 활용해서 웬만한 이벤트에는 다 참여했다. 그렇게 해서 상품으로 받는 커피 기프티콘을 10% 저렴하게 판매해서 부수입을 만들기도 했고, 집에 있는 안 쓰는 물건을 당근마켓이나 중고나라에 올려 판매하기도 했다. 남들은 하기 싫다는 주말 출근을 '제가 할게요!'라며 나서서 당직비를 벌기도 했다. 내가 좋아하는 한 유튜버는 체험단을 활용해서 4인 가족의 주말 외식비를 아낀다는 팁을 전수하셨다. 의지만 있다면 아끼고 줄일 방법은 정말 다양하다.

물론, 이쯤 되면 이런 생각이 든다. 그렇게까지 해야 되나? 그때마다 목표를 생각했다. 내. 집. 마. 련. 이라는 목표! 내 노력으로 얻은 내 집에서 편안하게 쉬는 미래를 상상하며 이 모든 과정을 고난의 길(?)처럼 생각하지 않고 즐기려고 노력했다. 어차피 내 20대는 한 번뿐인데, 이걸 고통스럽다고 생각하면 내 청춘이 너무 불쌍하니까! 아끼는 게 아니라 버는 거고, 못 쓰는 게 아니라 안 쓰는 거다! 똑똑한 소비자가 되어가는 과정이라고 여기자!

짠팁

이 모든 영광을 가계부에 돌립니다

가계부 앱은 여러 가지를 다운받아 보고 자신과 가장 잘 맞는 것을 쓰면 됩니다. 참고로, 저는 처음부터 지금까지 아이폰에서만 사용할 수 있는 '위플머니'라는 앱을 쓰고 있어요. 안드로이드는 '편한 가계부'나 '똑똑 가계부'를 많이 사용하시는 걸로 알고 있어요. 이 외에도 '뱅크샐러드'도 많이 쓰시더라고요! 5~6개 정도 사용해보면 딱 내 스타일이다, 내 손에 딱 맞다 싶은 가계부가 있으니 포기하지 말고 꼭 찾길 바랍니다.

그리고 저는 추가로 엑셀 가계부도 함께 쓰고 있습니다. 엑셀 가계부는 월 단위로, 내 지출을 한눈에 보기 위해 사용합니다. 1월, 2월, 3월… 이런 식으로 어느 달에 어느 카테고리의 지출이 많았는지 한눈에 보기 위해 엑셀 가계부를 따로 만들었습니다. 제 유튜브나 카페, 블로그 곳곳에 뿌려 놓았으니 다운받아 사용해보시면 됩니다. (수식도 다 넣어놓았고, 칸도 넉넉히 마련했으니 숫자만 입력하면 됩니다!)

엑셀 가계부를 만든 가장 큰 이유는 매달 상승하는 저축률을 보면서 뿌듯해하고 싶었기 때문입니다. 실제로 처음 40%로 시작했던 월 저축률이 88%까지 올라가는 짜릿함을 눈으로 확인했답니다. 그리고 월 단위로 수입, 지출, 저축을 보면서 재테크에 애착이 더 생기더라고요. '돈 쓰는 게 짜릿하다'던 욜로족이 돈 모은 게 짜릿해졌다니! 이 모든 영광을 가계부에 돌립니다.

📌 김짠부님이 고정함

김짠부 재테크 / 짠테크 2주차

가계부 쓰기 실전!

📌 합치고 지우며 나만의 카테고리 만들기

📌 돈 쓰자마자 바로! 가계부 쓰기

📌 지출 내용도 구체적으로 메모

📌 매달 1일 그 달의 약속, 행사에 따른 예산 짜기

📌 액셀 가계부도 활용해보세요!

오늘도 무지출~~

재테크가 처음이라면 수익이라는 물을 담기 전에

내 그릇을 먼저 체크해야 해요.

내 그릇을 모르면 재테크 하는 족족 돈이 줄줄~ 샐지도 몰라요!

KEYWORD

선물 🔍

연관 키워드

이벤트, 회사, 생일, 금액, 예산, 꽃, 가성비, 인간관계, 부담감, 기프티콘, 생일계

마음이 중요한데, 그 마음 미리미리 준비할 것

스무 살 때 친구들과 함께 이벤트 회사를 만든 적이 있다. 사업자 등록도 하고 홈페이지도 있던 나름의 엄연한 사업체였다. 3개월 만에 망하긴 했지만. 망할 수밖에 없었는데, 이벤트 회사를 차린 이유가 내가 선물 주는 걸 너무 좋아한다는 것 딱 하나였기 때문이다. 필리핀 유학 시절에도 모든 생일 서프라이즈 담당은 나였다. 친한 사람들의 생일 메시지를 모아 영상 편지로 만드는 건 기본이고, 레스토랑을 빌려 꾸며놓은 적도 있었다. 미리 사람들에게 녹음을 부탁해서 라디오처럼 차 안에서 틀어준 적도 있다. 나와 친한 사람들은 자신의 생일에 한 번씩은 내가 준비한 서프라이즈를 경험했다. 파티를 기획하고, 영상을 만들고, 당사자가 감동받는 모습이 너무 기쁘고 행복했다. 그래서 그런 파티를 기획해주는 회사를 만들긴 했지만, 아무 준비 없이 장난치듯 만든 회사라 그런지 오래가진 못했다.

회사는 망했어도 나는 망하지 않았다. 선물 주는 걸 좋아하는 나는 남았다. 20대 초반까지는 실용보다 감동에 초점을 맞춘 선물을 했다. 영상 편지는 기본 옵션이었고, 스케치북에 편지 쓰기, 과자 냉장고, 한 장 한 장 꾸민 앨범 등 정성 가득한 선물 위주로 만들었다. 다른 말로 하면 시간과 체력이 많이 필요한 것들…. 나이가 들수록 점점 실용적인 것 위주로 선물했는데, 그러다 20대 중반까지 되니까 주변 친구들도 다 눈이 높아져서 브랜드 상품이 아닌 선물을 주기가 좀 껄끄러웠달까. 정말 친한 친구들은 거의 10만~20만 원대 선물을 주고받았다. 다들 월급 200만 원이 채 안 됐을 때인데, 월급의 10%를 한 명에게 쏜 것이다. 그리고 돈을 모으기 시작하면서 이 선물은 나를 가장 힘들게 하는 존재가 되었다.

굳이 선물까지? 남한테 주는 걸 아낀다는 게 되게 궁색해 보이고, 뭔가 없어 보인달까. 그래서 초반엔 생일(경조사) 비상금을 좀 많이 모아두거나, 친한 친구들의 생일이 많은 달엔 주말 출근을 더 열심히 하거나 해서 최대한 예산을 맞추려고 노력했다. 하지만 이런 노력도 한두 번, 이런 금액대의 선물을 주고받는 게 정말 맞는 걸까, 우리가. 한 명은 취준생이고, 한 명도 나랑 거의 비슷한 월급일 텐데… 분명 서로에게 부담이 되는 일인 것 같았다. 그래서 친구들이랑 이런 부분을 허심탄회하게 이야기했다. 너네 혹시, 10만 원대 선물을 주고받는 게 부담스럽진 않아? 다 터놓고 말하니 친구들도 사실 부담스러웠다고 했다. 20대 중반이 되면서부터 주변에서 먼저 10만 원이 넘는 선물을 하길래 본인도 그 정도 금액대의 선물을 찾게 됐다고 했다.

사실 선물에 대한 어려운 마음은 누구나 갖고 있을 것이다. 궁색하거나 인색해 보이진 않을까 해서 쓸 땐 쓰자고 생각할 수도 있다. 하지만 돈을 모으기로 결심했다면 한 번쯤은 진지하게 다시 생각해볼 문제인 것 같다. 월급의 10% 이상을 쓰는 게 맞는 건지, 그저 '싸게 해결하자'는 꼼수만 아니라면 축하하는 마음을 온전히 전달할 수 있는 적당한 금액대를 찾아보는 것도 좋지 않을까. 난 친구들과 충분히 대화를 나누고 2, 3만 원대의 선물로 합의했다. 다른 친구는 따로 내게 연락을 해서 이런 말을 꺼내줘서 고맙다고 했다. 취업 준비로 용돈이 부족해서 너무 힘들었는데 이런 부분을 얘기해볼 생각은 못했다고 말이다.

선물 품목은 내가 사용해보고 정말 좋았던 물건 몇 가지를 미리 정해놓는 편이다. 대부분 실용적인데 실용적이지 않은 품목이 하나 있다. 바로 꽃 선물이다. 나는 원래 꽃 선물에 대해 좀 부정적(?)이었다. 어차피 시들 것, 같은 금액이면 좀 더 실용적인 것을 주는 게 좋지 않을지 생각했는데, 꼭 그렇지만도 않았다. 꽃만 줄 수 있는 감동이 있기 때문이다. 친구 집에 오랜만에 놀러갈 때 항상 과일을 사가다가 언제 한 번은 친구 어머님께 드릴 꽃을 사 갔는데 정말 좋아하셨다. 소녀처럼 활짝 웃으시며 너무 고맙다고 하시는데 선물을 주는 사람도 그 모습을 보는 사람들도 마음이 말랑말랑해졌다. 처음 만나는데 도저히 뭘 사야 할지 모르겠을 때도 꽃 선물은 좋은 선택이다.

선물 비용은 미리 빼두는 게 좋다. 전 달에 캘린더로 미리 생일을 체크해서 그만큼의 돈을 빼놓거나, 예산을 짜놓는 거다. 나의 경우 11월에 생일인 친구들이 많아서 10월에는 꼭 부수입을 만들어놓는다. 아니면 9월부터 식비 예산을 줄여놓거나 여러 방법으로 11월 예산을 늘려놓는다. 여기서도 제일 중요한 건 딱 챙길 사람만 챙기는 것! 정말 고맙거나 친한 사람, 회사에서도 일대일로 밥을 먹을 수 있는 사람까지만 챙기는 게 가장 좋은 것 같다. 난 오래 볼 사람이 아니라면 굳이 내 감정이나 돈을 쓰고 싶지 않다. 자신이 감당할 수 있는 기준을 한 번 곰곰이 생각해보자. 인간관계의 미니멀 라이프랄까.

짠팁

선물의 가성비는 '내 돈 주고 사기 아까운 것'

친구들에게 카카오톡 선물하기의 '위시리스트' 기능을 알려주세요. 카카오톡 선물하기에 들어가서 필요한 물건이나 사고 싶은 물건에 하트를 눌러놓으면, 누군가가 나에게 선물을 하려고 할 때 이 위시리스트를 친절하게 알려줍니다. 이 기능을 활용해서 친구들에게 필요한 물건을 사줄 수 있게끔 유도(?)했습니다. (허허.)

또 다른 친구들은 생일계를 든다고 하더라고요. 각자 2만 원씩 매달 모아서 생일이 되면 모인 금액으로 선물해주거나 그 돈을 주기도 한대요. 굉장히 센스 있는 방법인 것 같아요.

KEYWORD

더치페이

연관 키워드

기브 앤 테이크, 계좌, 부담감, 선물, 후식, 모임

오늘 즐거웠으니 됐다고?
오래오래 좋은 시간 보내려면

욜로족 부족원일 때의 나는 더치페이를 너무 어색해했다. 밥을 먹으며, 커피를 마시며 너무너무 즐거운 대화를 했는데, 계산대 앞에서 그 묘한 뻘쭘함… 쭈뼛쭈뼛 서 있다가 한 명씩 카드로 계산하는 그 시간이 너무 어색하게 느껴졌다. 그래서 항상 "내가 살게"라며 먼저 주문서를 챙겨서 카드를 내미는 일이 익숙했다. 어릴 때부터 친한 친구들은 내가 사면 다음에 본인이 사는 핑퐁 팽퐁이 잘 맞았는데, 처음 만난 사람이나 친하지 않은 사람들은 그런 기브 앤 테이크가 거의 없었다. 근데 그걸 하나하나 계산하는 내 자신이 너무 궁상맞아 보여서 그냥 '오늘 좋은 시간 보냈으니 그걸로 된 거지, 뭐'라며 쿨하게 생각하기로 했다.

하지만 돈을 아끼면서부터, 아니 정확히 말하면 돈을 모아야겠다는 생각을 하고 나서부턴 계산하는 상황이 어색해서 돈을 내는 게 진짜 쿨한 건지 생각해보게 됐다. 이런 걸 굳이 따지기엔 좀 그렇지만, 사실 밥을 산다고 해서 거기에 고마움을 느끼는 사람도 몇 안 된다. 내가 내나 더치페이 하나 크게 달라질 것이 없다, 그럴 바엔 그냥 더치페이 하는 게 낫다는 결론을 내렸다. 이 결론을 시작으로 조금씩 행동을 바꾸었다.

친한 친구들처럼 자주 만나면서 서로 번갈아가며 계산하는 것부터 시작했다. 핑퐁팽퐁이 잘 맞았지만, 식비 예산을 짤 때 많은 부분이 애매했기 때문이다. 6000~7000원 정도로 밥값을 정해놔도 이게 한 명이 계산하면 3만 원은 훌쩍 넘어가니, 예산을 아무리 촘촘하게 짜놔도 결산할 땐 늘 초과됐다. 소심하고, 유독 계산대 앞에서 쭈뼛쭈뼛했던 나는 더 이상 계산에 휘둘릴 수 없었다. 내 돈을 지켜야 했으니까! 그래서 난 내가 계산하던 그 쿨한 목소리로 "야야! 내가 낼게! 계좌로 보내줘~"라며 자연스럽게 더치페이를 유도했다. 근데 놀라운 건, 아무도 불편해하지 않는다는 것! 괜히 혼자서 눈치보고, 혼자서 소심해서 여태껏 모든 밥값을 계산했던 것이다. 산다는데 굳이 "아냐! 더치페이 하자!" 할 필요는 없으니 다들 고맙다는 말만 한 것이다.
(하긴 나 같아도 그러겠다. 허허)

자연스럽게 더치페이 하는 방법은 별게 없다. 더치페이 자체를 어색하게 여기지 않는 것이 중요하다. 그래야 서로 부담도 안 되고 다음에도 편하게 만날 수 있다. 더치페이라는 것이 누군가에게는 쉬울 수 있어도 나처럼 더치페이의 ㄷ자도 꺼내기 어려운 사람들도 있다. 혹시 (예전의) 나처럼 그런 사람들이 "내가 살게~" 하면 옆에서 (지금의) 나 같은 누군가가 "아냐! 계좌 보내줘"라고 하는 것도 좋다. "내가 살게~"라는 친구도 예전의 나처럼 그 상황이 뻘쭘해서 그럴 수도 있으니 먼저 더치페이를 제안해보는 것도 좋은 방법 중 하나다. (난 이 방법을 지금도 많이 쓴다.)

만약 나보다 나이 많은 사람을 처음 만날 땐, 미리 선물 같은 걸 사놓는 편이다. 방향제나 꽃 같은 것들. 그분들은 어린 사람과 더치페이 한다는 것을 꺼려할 수도 있기 때문에 만나서 선물을 먼저 드리고, 밥값을 계산해주시면 내가 따로 커피나 후식을 사는 편이다.

짠순이라고 하면 대부분 얻어먹기만 하고, 계산할 때 신발끈을 한참 만지작거리거나, 밥을 다 먹고 화장실에 가는 그런 모습을 떠올릴 텐데, 꼭 그렇지만은 않다. 유튜브를 시작하기 전까지 주변 사람들은 내가 돈을 아끼는 것을 전혀 몰랐다. 그 정도로 난 돈에 있어서 철저하게 행동했다. 짠순이라는 캐릭터로 유튜브를 시작하고 사람들이 나의 짠테크 생활을 알게 됐을 때도, "아이고, 짠순이시잖아요, 제가 계산할게요"라고 해도 "아니에요, 무슨 말씀이세요~"라며 대부분은 더치페이를 했다. 밥값을 내주신다고 해도, 후식을 사거나 따로 기프티콘을 보내는 등 다양한 방법으로 더치페이를 했다. 이런 돈은 누수 지출도 아니고, 아까운 돈도 아니다. 정말로 좋은 시간을 보낸 데에 대한 최소한의 비용으로 최대한의 만족을 얻은 잘 쓴 돈이다. 돈이 아까운 모임이 있으면 돈을 안 낼 생각을 하는 게 아니라 모임을 줄일 생각을 하는 게 더 맞지 않을까.

📌 김짠부님이 고정함

김짠부 재테크 / 짠테크 2주차

가계부 예산 짤 때 핵심 삼인방

📌 문화생활비 : 문화생활 속에서도 우선순위 두기

📌 선물 : 미리 예산 짜고, 부수입 궁리하기

📌 더치페이 : 남이 낸다고 해도 내가 나서서 더치페이

세상에 공짜는 없다, 공짜 있는 세상도 없다

2019. 9. 12

세상에 공짜는 없다.

무조건적인 사랑은 어릴 적 부모님에게 받는 사랑일 뿐,

인간은 모두 자기 이익을 따지게 돼 있다.

세상에 공짜는 없으니

없는 세상을 군이 내가 만들려고도 하지 말자.

적당히 받고, 적당히 베풀자.

혹여나 나에게서 받으려는 사람만 있다면

혼자 끙끙 앓지 말고 손절하자.

KEYWORD

가계부 언박싱 🔍

연관 키워드

유튜브, 명품, 가계부, 결산, 반성, 예산, 칭찬, 보
상, 무지출, 부수입, 생산자

명품 언박싱 대신 가계부 언박싱!

가계부 언박싱이라는 이름은 박막례 할머니 유튜브 채널에서 힌트를 얻었다. 한창 뷰티크리에이터의 메이크업 영상이 붐이었을 때, 70대 할머니께서 치과 갈 때 하는 메이크업 영상이 올라왔다. 완전 센세이션 그 자체였다.

할머니가 소개하는 몇 천 원짜리 초록색 립스틱부터 구수한 입담, 손바닥 위에 제품을 보여주는 찐 크리에이터스러운(?) 모션까지! 정말이지 '박막례 할머니 Korea Grandma' 채널은 영상 하나만 보고도 구독을 누른 몇 안 되는 유튜브 채널 중 하나다. 아무튼 2030만 관심 있을 거라고 생각했던 메이크업 영상을 70대 할머니가 꼬집은 것처럼, 나도 명품 언박싱과 소비를 자랑하는 이

흐름에서 저축을 자랑해보면 어떨까 하는 마음에 '가계부 언박싱'이라는 이름을 짓게 됐다. 소비가 아닌 저축도 재밌다, 친구들아?! 나만의 꼬집 포인트랄까.

첫 가계부 언박싱 영상의 반응은 정말 뜨거웠다. 무지출이라는 말을 처음 들어봤다는 분도 계셨고, 중간중간 내가 얘기하는 꿀팁도 너무 재밌다는 반응이 대부분이었다. '편의점 지나치는 방법' '커피값 줄이는 방법' '기프티콘 활용법' 등 한 달 안에 있었던 나만의 꿀팁을 최대한으로 뽑아냈다. 나에겐 당연해진 것들이 구독자분들에겐 신선했던 것 같다. 마치 과거의 욜로족 김짠부처럼!

작년 11월 가계부를 처음 언박싱 한 이후로 매달 나의 한 달 가계부를 낱낱이 오픈하고 있다. 아마 유튜브에서 가계부 언박싱이라는 이름을 처음 쓴 게 나일 것이다. 지금은 몇 몇 재테크, 짠테크 유튜버들도 가계부 언박싱이라는 이름으로 매달 가계부를 살펴보는 콘텐츠를 만들고 있다. (왠지 모를 뿌듯함을 느낀다.)

가계부 언박싱에서는 수입과 저축은 따로 다루지 않고 순수 지출만 다룬다. 고정, 변동, 누수 지출 모두. 가계부 결산을 하는 이유는 '반성을 통해 제대로 된 예산을 짜기 위해서'다. 반성만 해서도 안 되고, 무분별한 예산을 짜기만 해도 안 된다. 따끔한 자기 반성과 어느 정도 타이트한 예산 설정이 있어야만 저축률을 높여 갈 수 있기 때문이다. 다이어리 쓰듯 '○월 ○일—3000원' 정도로만 쓰는 건 사실 큰 도움이 안 된다. 대부분 내 소비를 마주하기 싫어서 가계부를 멀리하기도 한다. '나도 아껴야 된다는 건 알아. 근데 굳이 그렇게까지 살아야 해? 다 먹고 살자고 하는 짓인데!'라는 푸념이 담긴 댓글도 종종 본다. 무조건 아껴라, 무조건 모으라고 말하진 않는다. 하지만 분명한 건 무조건 하지 않으면, 언젠간 아픔과 현타를 겪어야 한다. 더 벌거나 덜 쓰거나, 둘 중 하나는 해야 하지 않을까.

김짠부로 활동하고 있고(흠흠), 나름 예전보다 지출 통제를 잘한다고 생각하지만 가계부 언박싱을 할 때 보면 김짠부답지 않은 달들이 많다. 좋아하는 브랜드의 굿즈에 약한 편이고 좋아하는 카페에 쓰는 지출을 줄이기 힘든 적도 종종 있었다. 유튜브를 시작하고 나서 주변 사람들이 '너 돈 모은다며' '너 짠순이였다며'하는 말들에 지고 싶지 않아서(?) 일부러 예전처럼 "제가 쏠게요~" 한 적도 많다. 이렇게 반성하는 모습도 필터 없이 영상을 통해 구독자분들과 나눈다.

하지만 가계부를 보며 무조건 반성만 해야 하는 것도 아니다. 난 가계부를 보며 잘한 부분은 잘했다고 셀프 칭찬을 마구마구 해주는 편이다. 거울을 보며 '내가 해냈다'는 자신감 넘치는 표정

을 지은 적도 있고, '너, 진짜 이번 달 너무 잘했어'라며 온갖 메모
장에 자기애를 뿜뿜 심어놓았다. 가계부를 적는 행위로만 생각
하는 것이 아니라, 소비와 절제를 통한 나다움을 찾아가는 과정
이라고 생각하면 굉장히 즐겁게 느껴진다.

　가계부를 통해 깨달은 것 중 하나는 돈을 아껴야 한다고만 생
각하면 아껴지지 않는다는 것이다. 예를 들어 다이어트 할 때도
음식 앞에 두고 '아, 먹고 싶다… 아냐, 참아야 해!' 이런 생각을
하면 더 배고프다. 금연, 금주, 단 것 끊기 등 참아야 하는 행동들
대부분이 그렇다. 참는 것에만 에너지를 쏟는 것이 아니라 더 멋
있어질 내 모습을 상상하거나 그 시간에 운동을 하면 배고픔이
조금은 사라진다.

　이런 마인드 변화가 가장 잘 통한 것 중 대표적인 게 '편의점 비
용'이다. 당시 난 버스 정류장에서 내리면 회사까지 15분 정도 걸
어가야 했다. 근데 그 15분 거리에 편의점이 무려 다섯 개나 있
었다. 하나 지나치면 또 다른 편의점이 나오고, 참고 지나치면 또
나오고… 그렇게 다섯 번이나 견뎌야 했다. 처음엔 '아… 에너지
바 하나 먹고 싶다'며 들어갔다가 '아냐… 아껴야지' 하며 다시 나
오고, 나중엔 그냥 '안 돼! 들어가지 마! 사고 싶잖아!'라며 약간
은 고통스러운 마음으로 편의점을 지나쳤다. 하지만 몇 개월이

지나고 나서는 더 이상 힘들게 편의점을 지나치지 않았다. 머릿속에서 '아껴야지'라는 생각 자체가 사라졌기 때문이다. 대신 다른 생각으로 가득 채웠다. '오늘은 유튜브 뭐 찍을까?' '블로그 포스팅도 해볼까?' '요즘 뜨는 부수입은 뭐가 있을까?' 등 소비자의 마인드가 아닌 온라인 생산자로서의 생각이 머릿속에 가득 찼다. 그 어디에도 간식 생각이 비집고 들어올 틈이 없었다.

물론 이런 나도 먹고 싶은 것, 사고 싶은 것이 있다. 하지만 확실히 '아껴야지 생각'보다 '벌어야지 생각'을 발견한 후로는 예전보다 지출 통제가 쉽다. 회사 없이 만 원이라도 벌어보려면 어떤 방법이 있을까? 이걸 해볼까? 저걸 해볼까? 이런 생각을 하기 시작하면 정말이지 뇌가 너무 바쁘게 움직여서 소비할 생각이 1도 안 난다.

그런 생산자의 삶을 위한 소비는 아낌없이 하자. 열심히 벌어서 매달 한 개 이상의 교육이나 강의를 나에게 선물한다든지! 사고 싶었던 주식을 1주 산다든지! 매달 수입의 10%는 무조건 본인 교육에 쓴다는 동갑내기를 만난 적이 있다. 그 중 한 명은 예전부터 배우고 싶었던 타로를 10만 원 주고 배워서, 오픈 채팅방을 운영하며 타로를 봐주고, 타로 배워서 수익화하는 방법을 온라인 클래스로 만들 계획을 하고 있었다. 타로를 배우기 위해 썼던 10만 원보다 몇 배를 벌고 있었다.

소액의 돈으로 하고 싶은 경험, 생산자가 될 수 있는 여러 경험을 해보자. 100세 시대에 우린 아직 너무 젊다. 반성만 하기에도, 방탕만 하기에도, 방황만 하기에도 우리 시간은 아까우니까, 가계부 언박싱부터 시작해보자.

📌 김짠부님이 고정함

김짠부 재테크 / 짠테크 2주차

가계부 언박싱은

📌 반성을 통해 제대로 된 예산 짜는 데 도움!

📌 소비와 절제를 보며 나다움을 찾아가는 과정

📌 아끼는 게 아니라 버는 여정

2019. 7. 24

긍정을 지키는 것.

그것이 부자의 지름길이다.

한창 절약할 때 본 짤이 하나 있다. '내가 해냄'이라는, 누군가가 밀고 있는 유행어라고 했다. "아주 작은 일을 하고 나서도 조용히 '내가 해냄'이라고 속삭이면, 성취감이 아주 높아진다. 귀찮은데 밥해먹고 설거지하고 나서 비장하게 '내가 해냄' 속삭이면 된다." 돈 아끼다가 이렇게까지 해야 하나 현타가 올 때, 내가 해냄이라고 속삭여본다.

KEYWORD

외로움

연관 키워드

오지랖, 외로움, 모임, 약속, 술자리, 관심사, 경제

가치관, 명품, 데이트 비용

어이, 혼자 힘들었지? 드루와 드루와, 온라인 세상으로

처음 짠테크를 시작했을 때 아무에게도 이야기하지 못했다. 대화에 돈 얘기가 나왔을 때 내가 하고 있던 절약과 저축을 아주 조금 이야기했을 뿐인데 별 오지랖을 다 겪었기 때문이다. "요즘 누가 은행에 돈 넣니"부터 시작해서 "티끌 모아 티끌이다" "20대 에는 그렇게 살면 안 된다"라는 말만 주구장창 들었다. 그 모임이 끝날 때까지 계속 들었다.

처음에 그런 말을 들었을 땐 너무 당황스러웠다. 집에 와서 서럽게 운 적도 있었다. 내가 잘못하고 있는 걸까, 20대는 이렇게 살면 안 되는 걸까, 이런 거 아니면 내가 할 수 있는 게 없던데, 모두가 다 각자의 방법이 있는 건데, 왜 이렇게까지 몰아붙이는 걸까. 그때마다 유튜브 영상을 보고, 종잣돈 모으는 이야기가 담긴 책을 읽으면서 버텼다.

몇 번의 오지랖을 경험한 이유로 난 그 누구에게도 나의 재테크에 대해 얘기하지 않겠다고 다짐했다. 그냥 혼자서 조용히 모으자고 생각하고, 친구나 가족에게도 돈 모으는 이야기를 잘 하지 않았다. 오랜만에 밥 한번 먹자는 지인들에게도 "나 돈 모으고 있어서…"라는 말은 절대 하지 않았다. 적당한 핑계를 둘러대며 약속을 줄였다. 약속에 응해도 최대한 1차에서 헤어졌다. 나의 최대 관심사는 재테크인데 이런 부분을 나눌 수 없다 보니, 대화도 명품, 유행, 연예인 같은 가십거리만 나누게 됐기 때문이다. 혹시나 하는 마음에 살짝 재테크 얘기를 꺼내면 돌아오는 대답은 비슷했다. 부정적이고 힘 빠지는 소리. 나와 경제 가치관이 맞는 사람이 아니라면 돈 얘기는 최대한 하지 않는 게 좋다는 걸 확인할 뿐이었다.

혼자 보내는 시간이 많아졌다고 느낄 때쯤 나만의 시행착오를 거쳐 꿀팁들이 쌓였다. 처음엔 꾸역꾸역 힘들다고만 느꼈던 절약이 점점 재밌는 게임, 더 나아가 즐거운 라이프스타일로 자리 잡았다. 작고 귀여웠던 통장 속 금액은 점점 몸집이 커졌다. 밤마다 통장 속 숫자들을 보며 뿌듯한 마음을 한껏 누렸다. 비교하지 않고 비교 당하지도 않으면서 결과도 보이니 이제 나는 꽃길만

걸을 것 같았다. 하지만 생각지도 못한 변수인 '외로움'을 마주하고 나니 꽃길을 걷게 된다 해도 행복하지 않을 것 같았다.

사실 외로움을 끌어들인 사람은 나 자신이다. 내 손으로 여러 단톡방을 나왔고 일주일 꽉 찼던 약속들을 취소했으니까. 그건 나를 위한 선택이었다. 분명 시끄러운 모임에서 내 에너지를 뺏기고 있음을 느끼고 있었다. 그래서 난 더 이상 모임이나 술자리 혹은 사람들이 모여 있는 곳에서 느낄 즐거움은 끝났다고 생각했다.

하지만 이건 내가 나를 너무 쉽게 봤던 것. 돈을 모으기 시작했어도 난 여전히 인간 리트리버였던 것. 인간 리트리버로서 평소에 사람을 좋아하고, 누군가의 TMI를 듣는 것에 흥미를 느끼고, 박찬호 선수도 울고 갈 투머치 토커였던 나는 사람들과의 대화에서 얻는 에너지가 필요한 사람이었다. 그렇다고 다시 술자리를 갈 수 없고, 다른 방법을 찾아야 했다. 친구, 새로운 친구, 내 관심사를 이야기할 수 있는 친구, 경제 가치관이 맞는 친구, 재테크 친구.

인터넷에서 여러 재테크 카페들을 찾았다. 포털 사이트에 '재테크'를 검색한 후 '카페' 카테고리에 나오는 카페에 하나하나 들어갔다. 여러 곳을 눈팅(?)하며 내가 활동할 카페를 찾았다. 그중에는 정치글로 도배된 곳도 있고, 회원 수는 많은데 교류가 없는 카페도 있기 때문이다. 많은 카페들 중 최대한 나와 결이 맞는 곳을 탐색하다가 다다른 곳은 결국 짠테크 카페. 신세계가 열린 기분이었다. '어이, 짠순이, 혼자 힘들었지? 드루와 드루와.' 여태껏 내가 하고 있던 고민들을 다 씻어주는 이야기들이 가득했다. '멤버십과 텀블러 할인으로 커피값 아꼈어요' '저축률 5% 올리는 저만의 꿀팁 공개합니다' '수도세를 줄이기 위해 손빨래를 시작했어요'… 세상에. 나만 이런 고민을 했던 게 아니구나. 나는 여태껏 신생아 수준이었구나. 제목만 읽어도 동지애가 생겼다. (나 혼자만의 것이겠지만) 환상의 나라 에버랜드 저리 가라. 환상의 절약, 짠테크 카페!

출근길에도, 점심시간에도, 자기 전에도 카페에 들어갔다. 거의 그곳에서 살았다고 해도 과언이 아닐 정도로 들락거렸다. 회원 등급 중에 최고 등급인 짠돌고수 등급까지 올라갔다. 누가 시킨 것도 아닌데 나도 모르게 매일 댓글 달고 게시글 올리면서 카페 안에서 소통을 했다. 아마 이 커뮤니티를 못 만났다면 지금까지 절약, 저축을 하지 못했을 것이다. 이런 공간이 있다는 게 너무 고맙고, 외로울 때 그냥 좌절만 하지 않고 이런 카페를 찾으려고 노력했던 나 스스로도 너무 대견했다. (하하) 현재는 직접 '김짠부의 머니메이트'라는 카페를 만들어 그 안에서 여러 사람들과 소통하고 있다.

블로거를 찾는 것도 또 다른 방법 중 하나다. 재테크, 부동산, 주식 등 양질의 정보를 포스팅하는 블로거를 찾아서 이웃신청을 하고 댓글로 소통하면서 온라인으로 친분을 쌓는 거다. 나는 이렇게 온라인에서 친분을 쌓고 실제로 친해진 사람들이 정말 많다. 이런 사람들과 어렸을 적부터 만나온 친구들보다 더 깊은 이야기를 할 때도 있다.

매일 출퇴근하고 같은 사람들을 만나면서 내 주변 환경을 바꾼다는 게 말처럼 쉽지 않다. 하지만 지금 우리가 사는 시대는 온라인으로도 충분히 환경을 바꿀 수 있다. 돈을 모으기로 마음먹었다면, 재테크라는 온라인 바다 속에 나를 계속 담가야 한다. 내 의지를 탓할 게 아니라 내 주변 환경 탓을 하고, 그 환경을 바꾸면 된다.

사실 돈 모으기를 시작하면서도 난 알게 모르게 명품백이 없다는 것에 소외감을 느끼고 있었다. '나만 없어 구찌…' 온라인 커뮤니티마다 '20대에 쓰기 좋은 명품백 리스트'라며 올라오는 글의 댓글을 보면 나 빼고 모든 사람이 명품백을 갖고 있는 것 같았다. '전 두 번째 사진에 나온 가방 있는데, 금방 질려요~' '전 최근에

루이비통 신상 샀는데, 들기 좋더라고요' '2222 저도요' "뭐야…
진짜 나만 없나 봐."

인터넷에서 하도 명품 가방을 검색해서 그런지 기사를 클릭해
도, SNS에 들어가도, 다 명품백 브랜드 광고만 떴다. 하도 보니까
길거리에서도 사람들이 든 가방 로고만 보일 정도였다. 10개월
할부로, 1년에 한 번, 나를 위한 선물로 사줄까? 달마다 20만 원
만 내면 되는데…. 고민을 끊임없이 하다가 다행히 주변 환경을
바꾸면서 몇 백만 원대 명품백은 결국 사지 않았다. '명품' 안경을
벗고 '재테크' 안경을 끼고 세상을 보니 정말 신기하게도 세상이
달라졌다.

똑같은 대화 주제라도 대하는 방식 자체가 달랐다. 예전에는
누군가가 '명품 가방'이라는 말을 꺼내면, 또 다른 누군가는 "이
번에 신상 나왔잖아, 진짜 예뻐" "나 그거 샀는데 수납이 별로야"
"카드지갑도 비슷한 색깔 나왔던데, 아 사고 싶다. 할부 다 갚으
면 사야지" 같은 이야기를 나눴다. 하지만 지금 달라진 환경에선
이런 이야기를 듣는다. "요즘 구찌 많이 보이더라. 구찌 디자이
너 바뀐 건가?" "케링이 구찌, 생로랑, 보테가 베네타 같은 브랜드
갖고 있잖아. 케링 주식 사 봐" "아니, 난 애플 액면 분할되면 애
플 주식 사려고."

맞고 틀린 것은 없지만, 어느 환경에 있느냐에 따라 내 돈을 소비로만 쓸 수도 있고 투자로도 쓸 수 있다. 명품 가방 자체를 좋아하고, 예쁘고 아름다운 것, 패션에 대한 철학이 있을 수도 있다. 그렇다면 자신의 관점을 믿고 명품 가방을 사면 된다. 문제는 이런 관점보다는 주변에 휘둘려서, 주변에서 다 예쁘다고 하니까, 나 빼고 다 있는 것 같으니까 사는 것이라면 다시 생각해봐야 한다. 정말 내가 예쁘다고 생각하는 게 맞는지, 그 로고가 없어도 살 만큼 디자인에 매력을 느낀 건지. 월급의 80%가 넘는 금액을 가방 하나에 쓰는 게 정말 나에게 가치 있는 소비일지 말이다. 진짜 나에게 필요한 건 부자처럼 보이는 것이 아니라, 나를 진짜 부자로 만들어줄 주변 환경 아닐까.

📌 김짠부님이 고정함

> 김짠부 재테크 / 짠테크 3주차

📌 내 의지 탓을 할 게 아니라 내 주변 환경 탓을 하고
   그 환경을 바꾸면 된다

📌 재테크라는 안경을 끼고 세상을 바라보자!

친구들이나 모임은 새로 만들면 되고, 혼자 있으면 외로운 게 당연하니 그냥 끌어안고 가는 걸 택해도 되겠죠. 진짜 문제는 둘이 있어도 나 혼자 외로울 때, 연인과의 데이트 비용 문제입니다. 경제 가치관이 맞는 사람끼리 만났다면 고민할 문제도 아니겠지만, 내 경제 가치관이 이렇게 변했다고 연인도 바꿀 수는 없는 노릇이잖아요?

많은 분들이 데이트 비용은 어떻게 하냐고 물어보시는데, 이건 저한테 물으면 안 됩니다. 당신의 연인과 이야기를 나눠야 합니다. 절대! 혼자서! 고민하거나 김짠부같이 애먼 사람에게 의논하면 안 됩니다. 꼭 같이 얘기해야 합니다. 만약 한 번도 재테크에 대해 이야기 나눠보지 않으셨다면, 처음엔 너무 무겁게 다가가지 말고 고양이 스텝으로 살금살금 천천히 시작해보세요. 여기서 제일 중요한 건 상대방이 현타를 느끼지 않게 전달해야 한다는 겁니다.

"아니, 누구는 이렇게 모은다는데~ 우리는 너무 돈 쓰는 데이트만 하는 것 같아." 이렇게 말하면 누가 기분이 좋겠어요. "우리도 이런 거 한번 해볼까? 다음 주는 '만 원의 행복 프로젝트' 도전?! 너무 재밌겠다!" 이런 식으로 제안하는 사람이 긍정적인 파워가 있으면 다른 한쪽도 잘 따라오더라고요.

'만 원의 행복 프로젝트'가 찌질해 보이는 사람도 있을 테고, 밥은 굶어도 데이트 비용은 아끼면 안 된다고 믿는 사람도 있을 수 있고, 정답은 없겠죠. 어쨌든지 간에 이 모든 게 행복하자고, 잘 살아보자고 하는 거라는 것만 잊지 말아주세요. 이왕 하는 거 남들은 힘들다고 하는 절약도 즐겁고 행복한 시간으로 기억될 수 있게 긍정 파워를 한번 내봅시다! 짠이팅!

KEYWORD

기부

연관 키워드

정리, 버리기, 삶의 의미, 공허함, 온라인 기부, 오
지랖, 배움

기부는 짠테크에 도움이 된다, 분명

정리, 1일 1버리기를 하다 보니 버리긴 아깝고 내가 입기엔 애매한 옷들이 많았다. 중고 시장에 팔기 애매할 때도 있었다. 브랜드 제품은 아니지만, 퀄리티가 좋은 옷들… 중고로 옷을 팔려면 최소 50%는 싸게 팔아야 하는데, 그러기 아까운 옷들이 그랬다. 그때 눈길을 돌린 곳이 바로 기부다. 어릴 때 교회의 달란트 시장에서 아껴 쓰고 나눠 쓰고 바꿔 쓰고 다시 쓰는 아나바다에 대한 좋은 추억이 있었기 때문이다. 어차피 집에 있으면 계속 공간만 차지할 테고 시간이 지날수록 점점 더 못 입는 옷이 될 테니까 말이다. 검색창에 아나바다, 옷 기부라고 검색하다가 '아름다운가게'라는 곳을 알게 됐다.

아름다운가게 홈페이지에 들어가서 온라인 기증을 신청하면 된다. 다양한 생활 잡화, 영유아 잡화, 남녀 의류, 도서 음반, 소형가전, 기업의 물품만 기증이 가능하다고 한다. 기증 물품에 가격을 책정하고 매장이나 행사장에서 판매한 다음 수익금을 소외이웃에게 지원하는 시스템이다. 즉 판매되기 어려운 상품은 기증이 어렵다는 것이다. 기증품의 종류와 수량까지 세세하게 체크한 후 박스 규격도 확인해야 한다. 최소 3박스 이상부터 방문 수거 신청이 가능하다. 기부한 물품 중 판매가 가능한 물품에 대한 기부 영수증도 발행해주기 때문에, 연말 정산 시 공제도 받을수 있다.

아름다운가게를 통한 기부보다 더 내 일상에서 소소하게 시작할 수 있는 기부도 있다. 어느 날 내가 가장 좋아하는 인플루언서가 인스타그램을 통해 '친구들아 우리 콩 털자'라는 내용의 피드를 올렸다. 콩을 턴다고? 무슨 말이지? 알고 보니 네이버 해피빈이라는 기부 시스템이었다. 콩 1개당 100원을 뜻하는데, 네이버블로그에 포스팅을 하면 콩 1개를 줬던 기억이 스쳤다. 그 콩을 기부하는 것이다. 콩으로 기부해도 되고 현금으로 해도 되는데, 적게는 100원부터 많게는 몇 십만 원까지 각자의 방법으로 후원하는 방식이었다. 해피빈 기부 시스템은 언제나 열려있지만 내가 그날 본 것은 한 인플루언서를 대표로 내세우는 프로젝트성 기부 프로그램이었다. 해당 인플루언서가 목표한 금액이 모일 때까지 펀딩 형식으로 진행되는 후원이다. 일주일도 안돼서 1억 7000만 원이라는 기부금이 모였다. 그렇게 모인 콩(돈)은 저소득층 청소년들의 생리대 키트로 전달됐다. 난 이때 블로그 포스팅으로 모았던 콩과 현금을 합쳐 만 원을 기부했는데 기분이 참 묘했다. 처음으로 쓸모 있는 인간이 된 기분이었다.

돌이켜보면 난 유독 "왜 살까?"라는 생각을 자주했던 것 같다. 부정적인 마음으로 가득한 "왜 살까!"가 아니라 정말 궁금할 때가 많았다. 인간이 태어난 이유, 살아야 하는 이유… 그런 것들 말이다. 자주는 아니어도 이런 생각에 한 번 빠지면 엄청 깊이 들어가는 스타일이었다. 누군가의 자살 소식이 들리면 이런 생각은 더 꼬리에 꼬리를 물었다. 돈, 외모, 권력이 전부인 것 같은 세상이지만 모두가 부러워하는 위치에 있는 사람들의 우울증, 자살 소식을 들으며 정말 이 세상에서 누릴 수 있는 행복의 끝은 무엇일지 고민했다. 노래에도, 책에도 뾰족한 답은 없었다. 예쁘게 꾸미고 사람들과 시끌벅적하게 놀고 돈을 많이 써도 한 순간, 돈이 더 많은 사람도 그렇겠지. 공허하겠지.

난 그 공허함을 해결해줄 수 있는 건, 나눔이라 생각했다. 돈이 됐든, 정보가 됐든 그 어떤 것이든 나 혼자만 갖고 있는 것이 아니라 그것을 나눌 때 진짜 그 가치가 나타난다고 생각했다. 욜로족 때는 이런 생각을 '밥값 계산해주기' '선물하기' 등으로 풀었던 것 같다. 하지만 돈을 모으면서부터 모임을 줄였고, 정말 친한 사람이 아닌 이상 무조건적인 생일 챙기기도 하지 않았다. 하지만 나만 잘 먹고 잘 사는 게 정말 맞는 것인지 늘 고민했는데, 이런 생각의 끝에 기부라는 결론에 도달한 것이다! 올레!

하지만 '몇 백만 원 정도는 해야 기부지'라는 선입견이 나도 모르게 있었고, 이는 '나중에 큰 돈을 모으면 꼭 기부해야지'라는 다짐으로 이어졌다. 연예인들의 기부 소식에 박수만 열심히 쳐줄 뿐이었다. 그러다 해피빈 시스템을 통해 우연히 만 원을 기부하고 나자 이런 생각이 들었다. 꼭 큰 금액을 하는 것만 의미 있는 기부일까?

무엇보다 유튜브를 하면서 받는 응원을 다른 길로 보답하고 싶었고, 돈이라는 건 한 곳에 고이는 게 아니라 많은 곳으로 흘러가야 한다고 생각했다. 난 남편도 없고 아이도 없지만, 기부를 하고 나서부턴 마치 누군가의 가장이 된 것처럼 책임감이 생겼다. 한 번도 느껴보지 못한 '쓸모 있는 사람'이 된 기분이었다. 덜 쓰고 더 많이 벌고 그만큼 더 나누고 싶다는 생각이다.

그렇게 만 원으로 시작한 후원이 내 정기 후원의 시발점이 됐다. 국내 저소득층 청소년들에게 생리대를 지급하는 '지파운데이션'이라는 기관에 매달 10만 원 씩 정기 후원을 신청했다. 이 기관 역시 내가 좋아하는 인스타그래머를 통해 알게 됐다. 인스타로 몇 년간 봐왔던 그분은 항상 꼼꼼하고 돌다리도 1000번 두들겨보고 건너는 성격인데, 그분이 기부하는 곳이라면 믿을 수 있었다. 앞으로 이런 후원을 더 늘려갈 생각이다.

별 이유 없이 삶이 공허할 때, 신나게 돈을 모으다가도 문득 왜 이렇게까지 열심히 때론 힘들게 돈을 모아야 하나 싶을 때, 기부를 해보면 좋다. 생각 이상으로 작더라도 도움의 손길이 필요한 곳이 많고, 작은 손이라도 얹으면 쓸모 있는 사람이 된다. 내 존재의 이유를 돈이 아니라 타인에게서 찾고, 거기서 얻은 힘으로 내가 잘 살 수 있다. 내가 잘 살려면 나를 둘러싼 가족, 친구, 지인, 대한민국, 아시아, 지구, 우주가 평안해야 하지 않을까. 주변이 힘들면 나도 행복할 수 없으니까. 결국 나 잘 살려고 돈을 모으고, 기부를 한다. 너무 작은 도움이라 초라하게 느껴진다면, 짠테크 더 열심히 해서 더 많은 기부를 하면 된다. 기부는 짠테크에도 도움이 된다, 분명.

짠순이에게도 악플을 달더라

2020.8.17

짖는 개를 볼 때마다
가던 길을 멈추고 돌을 던지면
목적지에 도달할 수 없다.

_처칠

　티끌 모아 티끌이라고 비꼬는 사람들은 '자기 앞가림도 못하는
애가 기부는 무슨 기부냐'고 할 수도 있겠지. '왜 저렇게 사냐' '20
대답게 살아라' '주변에 친구 없겠다' 등 차라리 욕이 낫겠다 싶을

▶| ◀))

만큼 따가운 댓글들을 본 날에는 밤에 잠을 못 자기도 한다. 가끔은 연예인들이 왜 극단적인 선택을 하는지 어렴풋이 알겠다 싶을 만큼 100개의 응원보다 1개의 날카로운 댓글이 더 크게 다가올 때도 있다.

하지만 사랑으로 받은 상처는 사랑으로 치유하는 법! 댓글로 얻은 상처는 댓글로 치유받는다. 내가 생각지도 못한 부분을 공유하고 나눠주는 사람들 덕분에 내가 몰랐던 세상이 조금씩 열리는 기분이다. 앞으로도 돈을 모으다 보면, 내가 하고 싶은 걸 하다 보면 옆에서 여러 오지랖을 듣겠지. 그때마다 흔들리지 말고 처칠의 말을 기억해야 한다.

PART4.

100원도
지출이다

티끌 모아 티끌?
흙무더기라도 만든다

KEYWORD

중고 시장

연관 키워드

예쁜 쓰레기, 양심, 미니멀 라이프, 나눔, 드림, 책, 검색

대부분 사람들은 양심이라는 게 있다

내가 고등학생 때의 일이다. 필리핀에서 유학을 하다가 겨울 방학 때 잠시 한국에 들어왔다가 부모님과 같이 아웃렛 쇼핑을 했다. 그러다가 너무 귀엽고 예쁜 망토 스타일의 재킷을 발견했다. 너무 예뻐서 바로 입어봤는데, 입어보니 더 예뻤다. 가격은 20만 원대. 너무 눈에 아른거려 아빠에게 애절한 눈빛을 보냈으나 다음에 사자고 하셨다. (당시 유학생이었던 내게 다음이라는 건 자그마치 1년 뒤다.)

집에 와서도 망토가 눈앞에 아른거렸다. 그곳이 유독 비쌌던 건가 싶어 검색창에 '망토 재킷'을 검색했다. 5만 원대부터 다양한 금액대의 망토 재킷이 나왔지만 아무리 찾아도 내가 원하는 디자인이 없었다. 포기하려던 찰나 어느 중고 물품 카페에서 글을 보게 됐다. 썸네일로 보이는 이미지가 내가 찾던 망토와 매우 흡사했다. 와, 이거다! 가격은 2만5000원! 꺅! 판매자에게 바로 연락을 했고, 택배비 포함 2만7500원을 입금해서 이틀 뒤에 옷을 받았다. 약간의 보풀은 있었지만 별로 티가 나지 않았고, 20만 원이 넘는 옷을 2만 원대에 구입했다는 것에 너무 신나고 뿌듯했다. 그게 나의 첫 중고 거래였다.

난 이때부터 중고나라를 종종 이용하며, 내가 필요한 물건을 사기도 했고 팔기도 했다. 재무 목표를 세울 때 저축 금액을 조금 오버해서 적었던 이유도 중고 판매에 자신 있었기 때문이다. 물건을 구입할 때도 마찬가지였다. '이게 있을까?'라는 마음에 검색해보면 대부분의 물건이 중고로 올라와 있었다. 이런 일을 몇 번 겪다 보니, 싸게 사고 안 쓰는 건 팔겠다는 근자감(?)이 있었다.

남이 입던 걸 어떻게 입고, 남이 신던 걸 어떻게 신냐는 친구의 말에 어차피 내가 한두 번 입어도 그건 중고인데 뭐, 대수롭지 않게 생각했다. 대부분의 사람들은 양심이라는 게 있기 때문에 못 입을 정도의 옷은 판매하지 않는다. 3만~4만 원에 산 보세 옷이 2000~3000원에 올라와 있는 것이 대부분이다. 잘만 고르면 많은 돈을 아낄 수 있다.

나도 돈을 아끼기 위해, 내가 얼마나 많은 물건을 갖고 있는지 파악하기 위해 정리를 시작하면서 본격적으로 미니멀 라이프에 뛰어들었다. 많은 옷을 중고로 팔았는데, 거의 백이면 백 다 팔렸다. "애초에 좋은 물건을 싸게 내놓은 것 아니에요?"라고 물을 수 있겠지만, 내게 좋은 물건이라곤 옷, 한두 번 쓴 화장품, 인테리어를 핑계로 샀던 '예쁜 쓰레기'들뿐이었다.

요즘은 중고서점, 당근마켓, 맘카페, 지역 마켓 등으로 중고 시장이 무척 커졌다. 내가 팔고 있는 건 남도 팔고 있을 확률이 높다. 그 안에서 내 물건이 빛나 보이게 하는 나만의 방법 몇 가지가 있다.

첫 번째로 부정적인 말을 쓰지 않는다. 나한테 안 어울린다고 해서 진짜 안 어울린다고 쓰면 안 된다. 중고 물품을 올린다고 해서 사람들이 대충 볼 것이라고 생각하면 오산이다. 정말 판매하듯 글을 써야 한다. '저한테 안 어울려서 팔아요'라고 올리면 사람들은 '나한테도 안 어울리지 않을까?'라고 생각한다. '색깔이 별로여서'라는 말은 절대 금물이다. 누가 색깔이 별로인 옷을 사고 싶겠는가! 내가 많이 썼던 말은 '선물로 받았는데, 비슷한 디자인이 있어서 팔아요. ㅠㅠ 좋은 주인 만났으면 좋겠네요' '제가 최근에 살이 쪘는지, 사이즈가 안 맞네요… 너무 예쁜데, 아깝지만 판매합니다' 같은 문장이다. 그리고 최대한 문의 연락을 받지 않기 위해 여러 각도에서 찍은 사진을 올렸다. 실밥 터진 부분이나 오염된 부분 등 민감한 부분은 나중에 문제가 되지 않기 위해 자세히 찍고 자세히 설명했다.

두 번째로 브랜드 명을 꼭 썼다. '지오다노 ○○—○○○ (제품명) 하얀색 티셔츠 팔아요~'라고 올리고, 지오다노 공식 홈페이지에서 제공하는 모델 사진이나 해당 링크도 첨부했다. 이런 제품은 굳이 몇 천 원대에 팔지 않아도 연락이 금방금방 왔다.

그리고 각 카페의 특성에 맞게 올렸다. 내가 주로 판매 글을 올렸던 곳은 온라인 카페(중고나라, 지역 맘카페), 번개장터, 당근마켓 이렇게 4군데였다. 중고나라에는 대부분 브랜드 있는 제품, 안 쓰는 전자기기를 올렸고, 지역 맘카페와 당근마켓같이 직거래가 가능한 곳에는 옷이나 화장품을 많이 올렸다. 번개장터는 사용 연령대가 10, 20대인 것 같아 좀 어려 보이는 옷이나 액세서리 등을 팔았다. 지역 맘카페나 당근마켓에 옷을 올릴 때는 한 게시물 당 약 10~20벌의 옷에 번호를 매겨서 올렸다. 두 곳은 주부님들이 많아서 제품 특성에 맞는 이름도 새로 지었다. '1. 봄에 어울리는 분홍 원피스 (7000원)' (사진 여러 개) '2. 허리에 고무줄이 있어 배가 편한 찰랑바지 (3000원)' (사진 여러 개) 이런 식으로 말이다. 지역 카페에는 직거래할 때 여러 가지를 한 번에 사겠다는 분이 많아서 한 게시물당 옷 개수가 많을수록 좋다. 한 번은 '올리신 물건 다 살게요'라는 댓글이 달린 적도 있다. 참고로 지역 카페에는 이사 가기 전이나 인테리어를 위해 물건을 빼야 해서 나눔이나 드림 같은 게시글이 종종 올라온다. 이런 게시글은 경쟁자가 많아서 빨리 댓글을 달아야 얻을 수 있기 때문에 해당 게시판은 알람 설정을 해놓는 것도 좋다.

중고는 책에서도 빛을 발한다. 알라딘, YES24 등 중고 책을 판매하는 곳에서 책을 사고 팔 수 있다. 앱을 깔고 책 바코드를 찍으면 팔 수 있는 책인지 아닌지 알려주기 때문에 미리 체크를 하고 평생 읽고 싶은 인생 책을 제외하고 다 팔아서 10만 원 넘게 벌었다. 굳이 무겁게 들고 가지 않아도 된다. 앱으로 접수하고 박스에 책을 미리 싸놓으면 택배기사님이 수거해간다.

중고의 세계는 정말 무궁무진하다. 누군가에게 안 맞는 화장품이 나에겐 잘 맞을 수도 있고, 내가 꼭 필요했던 물건이 누군가에겐 쓸 만큼 써서 질린 물건일 수도 있다. 중고의 세계로 조금만 눈을 돌려도 꽤 많은 돈을 절약하고 또 벌 수도 있다는 점! 근데 여기서 중요한 건, 싸다고 무조건 사지 말자. 안 사면 100% 할인이다.

전 중고 물건을 살 때 절대 쇼핑하듯 사지 않습니다. 여기서 쇼핑하듯 산다는 말은 자연스럽게, 쉽게 산다는 의미죠. 쇼핑을 하다 보면 '저건 필요한 물건이다' '이건 정말 싸다'는 생각이 들게 되고 자연스럽게 지갑을 열게 됩니다. 아무리 김짠부라도, 지출 통제 능력을 키워왔다고 하더라도, 쇼핑을 하다 보면 사고 싶은 게 보이기 마련이고, 지갑을 열 기회도 많아지기 마련이니까요. (그래서 전 아예 그 기회를 차단하기 위해 쇼핑 앱은 모두 삭제했습니다.)

중고 물품을 살 때도 마찬가지입니다. 중고 물품을 쭉 둘러볼 기회를 아예 차단해야 합니다. 제가 망토 재킷을 찾았던 것처럼 딱 필요한 물건을 정확하게 검색해야 합니다. 아이패드 거치대가 필요하다면 '아이패드 거치대'를 검색해야지, '아이패드 액세서리'를 검색하면 아이패드와 관련된 모든 물건은 다 나오겠죠. '우와, 이런 물건도 있어?'라는 생각이 들 수밖에 없는, 그러다가 한두 개 사고말 수밖에 없는 환경이 조성됩니다. 필요한 물건이 있다면, 관련 후기를 찾아보고 그 모델명을 중고로 검색해보는 것이 가장 좋아요. 당장 저렴한 물건이 없다면, 해당 모델명으로 키워드 알림 설정을 해놓는 것도 좋은 방법이고요.

책도 읽고 싶은 책이 생기면, 해당 책이 있는 매장을 검색해보고 가서 그것만 사고 나옵니다. 많은 책을 사는 것도 좋지만, 저 같은 경우엔 제목에 끌려 샀다가 잘 읽지 않고 방치하는 경우가 많았거든요. 읽고 싶은 책을 사서 다 읽고 다른 책을 사도 늦지 않아요. 뭐든지, 어디서든 '지름신'을 조심하자고요.

KEYWORD

앱테크 🔍

연관 키워드

포인트, 앱, 어플, 잔돈, 저금통, 라이프 스타일, 영
수증, 걷기, 다이어트, 티끌, 마인드셋, 부자

포인트로 사 먹으면 더 꿀맛!

이젠 모든 게 핸드폰으로 가능한 시대다. 은행 계좌 개설을 하기 위해 굳이 반차를 쓰지 않아도 되고, 주식을 시작하기 위해 증권사에 가지 않아도 된다. 모든 게 핸드폰으로 가능하다. 나도 핸드폰으로 계좌, 돈, 지출 등을 관리하면서 단순히 관리 차원을 넘어서 핸드폰으로도 재테크, 투자, 돈 불리기를 하고 있다. 매일 들여다보는 핸드폰이니까 들여다보는 김에 잠깐 시간을 내서 사부작사부작 돈을 모으고 있다.

그중 가장 신박한 앱이 바로 '티끌'이었다. 티끌이라는 이름에서 따온 것 같은 이 앱은 잔돈을 저축해주는 앱이다. 과거에는(아니 옛날인가, 라떼는 말이야) 현금을 많이 써서 집에 저금통이 하나씩 있었다. 100원, 500원 가끔 기분 좋은 날엔 지폐도 넣어가며 저금통 배를 채웠다. 꽉 차면 나름 몇 만 원이 돼 있어서 기분 좋았던 경험 한 번씩 있을 것이다. (나만 있나, 라떼는 말이야) 요즘엔 워낙 현금을 안 쓰고, 아예 현금을 받지 않는 매장도 있으니 나름의 저축 방법 중 하나였던 저금통이 사라졌다.

요즘 시대에 맞는 저금통이 바로 티끌이다. 앱을 깔고, 내가 이용하는 카드를 연결하면 그 카드로 돈을 쓸 때마다 잔돈과 1000원 단위로 올림한 금액만큼 저축을 해준다. 5200원을 결제하면 800원을, 1000원을 결제하면 2000원을 저축한다. 100원 단위의 거스름돈을 저축해 CMA 통장에 자동 이체되는 방식이다.

앱기능 중 하나로 나만의 목표를 정해 꾸준히 자동 저축되는 시스템도 있다. 아이패드 사기, 제주도 여행가기, 친구 선물 사기 등 목표를 정해 돈을 모을 수도 있다. 굳이 따로 저축하는 게 귀찮다면 예전의 저금통 감성을 더해 이렇게라도 저축을 시작해보는 것을 추천한다. 티끌과 같은 서비스는 토스, 카카오뱅크, 신한은행 등에서도 저금통이라는 이름으로 운영되고 있다.

옛날 감성인 저금통 같은 앱 외에도 요즘 감성으로 나의 라이프스타일에 맞춘 앱테크도 있다. '캐시워크'처럼 하루에 1만 보를 걸으면 100원을 주는 건강을 위한 앱도 있다. (유노윤호도 하는데 내가 안 할 이유가 없다…) 비슷한 앱으로는 토스라는 금융 앱에서 제공하는 만보기 기능이 있고, '림포'도 걸어서 얻은 포인트로 각종 전자기기를 살 수 있다. 토스는 실제로 100원을 주고, 캐시워크와 림포는 포인트로 주기 때문에 기프티콘이나 상품으로 바꿀 수 있다. 캐시워크 포인트로 먹는 스타벅스 커피는 정말이지 제일 배고플 때 먹는 라면과도 같다.

영수증을 찍어서 해당 장소의 리뷰를 올리면 50원을 주는 서비스도 있다. '네이버 마이플레이스', '캐시카우'가 대표적이다. 카드 번호를 가려서 올려도 포인트 적립에는 문제가 없다. 네이버 마이플레이스로 얻는 영수증 포인트는 네이버 페이와 연동되기 때문에 필요한 물건을 살 때 포인트 차감으로 사용할 수 있다. 꼭 종이 영수증이 아니더라도, 카드사 앱에서 제공하는 전자 영수증 캡처본도 가능하다. (전자 영수증 제공하는 카드사만 가능하다.) 새로운 장소 영수증은 50원, 재방문 영수증은 10원이다.

롯데 계열사의 L포인트, 현대 계열사의 H포인트 등 각종 앱마다 출석 체크와 룰렛 돌리기 등 이벤트가 다양하다. 이런 이벤트로 한 달에 적게는 10만 원 많게는 100만 원 씩 부수입을 올리는 분들도 있다. 이런 이벤트들은 대부분 해당 앱에서 제공하는 광고를 본 대가로 10원, 100원을 받는 시스템이기 때문에 말 그대로 내 시간 값을 받는 재테크라고 볼 수 있다. '어휴, 그 시간에 다른 걸 하겠다'고 생각하는 사람들은 안 하면 된다. 출퇴근길 버스에서도 자기계발을 하는 사람이라면 인정! 하지만 대부분 잠을 자거나 SNS를 하지 않나? (나는 그랬다.) 난 그럴 시간에 10분 정도의 투자로 몇 백 원을 더 얻는 방법을 택한 것뿐이다.

앱테크를 통해 얻는 건 포인트와 각종 이벤트 당첨도 있겠지만, 10원도 돈이구나, 100원을 함부로 쓰면 안 되겠구나! 같은 깨달음이 더 크다. 하루에 5포인트를 받기 위해 출석 체크를 하다 보면, 편의점에서 몇 백 원짜리를 사도 무조건 포인트 적립하는 습관도 생긴다. 그렇게 모인 포인트가 만 포인트가 넘은 적이 있는데, 포인트로 사는 과자를 먹어본 적이 있는가? 이것 역시 꿀맛이다.

📌 김짠부님이 고정함

김짠부 재테크 / 짠테크 3주차

SNS 할 시간에 앱테크
📌 저금통 앱테크 : 티클, 토스, 카카오뱅크, 신한은행 등
📌 걷기 앱테크 : 캐시워크, 림포, 토스의 만보기
📌 영수증 앱테크 : 네이버 마이플레이스, 캐시카우
📌 포인트 앱테크 : L포인트, H포인트에서 출석 체크, 룰렛 돌리기

부자의 마인드로!

2019.9.25

유튜브에서 본 어느 댓글.
'티끌 모아 티끌이라고 하는 사람치고 부자인 사람 못 봤다.'
오늘도 나는 티끌을 모은다, 부자가 될 테니까!

KEYWORD

기프티콘   🔍

연관 키워드

중고 시장, 부수입, 선물, 편의점, 커피, 문화생활,
이벤트

짠테크, 기프티콘 중고로 사는 연습부터

나의 짠테크 라이프에 가장 큰 부분을 차지하는 건 단연 '기프티콘'이다. 친구들이 가끔 "나도 돈 모아야 하는데… 짠테크 어떻게 해?"라고 물으면 일단 "기프티콘 중고로 사는 연습부터 해봐"라고 한다. 대부분 기프티콘을 싸게 살 수 있다는 것에 놀라고, 몇 백 원, 몇 천 원 아끼겠다고 그걸 미리 사두는 것에 두 번 놀란다. 하지만 난 늘 말한다. 그 수련(?)의 과정을 겪다 보면 너무 작아서 보이지 않았던 내 씀씀이가 보이기 시작한다고.

나도 처음엔 기프티콘은 생일 때 선물로 받거나 주는 것이라고만 알고 있었다. 그러다 언제 한 번 지출이 예산을 초과해서 2만 원 정도 되는 돈을 부수입으로 만들어야 했다. 김짠부 가계부에 예산 초과란 없다! '어떻게 채우지?' 궁리하던 와중에 짠테크 카페에서 '기프티콘 판매합니다'라는 글을 보게 됐다. 어라? 기프티콘을 팔 수도 있구나! 중고 옷이나 화장품은 잘 구매했는데, 기프티콘을 팔 수 있다는 건 처음 알았다. 커피 기프티콘은 잘 쓰는 편이지만 빙수, 피자 등 입맛에 안 맞는 기프티콘은 매번 유효 기간만 연장했는데… 그걸 팔면 되겠구나!

선물해준 사람 입장에서 생각해봐도, 선물을 제대로 쓰지 못하고 유효 기간만 계속 연장하는 것보다 오히려 본인이 잘 활용하는 게 더 좋지 않을까? 그렇게 기프티콘 판매를 알게 된 날, 선물로 받거나 각종 이벤트로 얻은 커피 기프티콘을 10~20% 할인한 가격으로 판매했고, 그 달의 예산을 딱 맞게 채울 수 있었다.

그때부터 판매뿐 아니라 구매할 때도 기프티콘이 있는지 확인해보는 습관이 생겼다. 편의점, 커피, 치킨, 영화, 문화 상품권 등 우리가 먹고 마시는 대부분의 기프티콘이 판매되고 있었다. 처음엔 중고나라에서 일대일로 거래하다가, 앱도 활용하기 시작했다. '팔라고' '기프티콘' '기프티스타' 등 여러 플랫폼을 활용했고, 그중 출석 체크나 퀴즈 풀기로 포인트 적립도 가능한 팔라고를 가장 잘 활용했다. 기프티콘의 최대 장점은 최소 10%에서 최대 50%까지 할인된 금액뿐 아니라, 현금 영수증도 발급받을 수 있다는 것이다. 3000원짜리 편의점 상품권을 2500원에 샀지만, 3000원어치 현금 영수증 처리가 가능한 것이다. 각종 지역 상품권도 마찬가지다. 5~10%까지 할인된 금액으로 상품권을 구입해서, 지출 증빙은 5~10% 추가로 더 받을 수 있다는 것! 1석 2조다! 난 웬만한 커피, 편의점 지출은 기프티콘을 활용하는 편이다.

기프티콘 활용 시 가장 중요한 건 기프티콘 사진 폴더를 따로 만들어놔야 한다는 점이다. 대부분 유효 기간이 길어야 3개월이기 때문에, 새로운 사진들에 밀려 기프티콘을 까먹을 수도 있기 때문이다. 그때그때 기프티콘 사진 폴더를 확인하며 유효 기간이 다 되어가는 건 없는지 체크해줘야 한다. 만약 유효 기간이 임박한데 딱히 쓸 일이 없다면 과감하게 팔아버리자!

그리고 가장 중요한 건 기프티콘을 절대 공돈처럼 쓰지 않는 것이다. 커피 안 마셔도 되는데 기프티콘이 있어서 일부러 카페에 간다든지, 기프티콘은 5000원짜린데 굳이 더 비싼 음료를 시킨다든지! 기프티콘은 더 아끼기 위한 도구이지, 더 쓰기 위한 도구는 아니다. 물론 이건 어디까지나 파워 짠순이 김짠부피셜이긴 하지만… 그래도 이왕 아끼기 위해 기프티콘 세계에 발을 들였다면, 좀 더 알차게 활용해보자. 꼭 필요한 상황에 기프티콘을 사용해야 진정 효율적인 지출이라 할 수 있다.

하루에도 수많은 이벤트가 열리지만 대부분 1, 2등 상품부터 확인하죠. 아이패드, TV, 청소기 등 화려한(?) 이벤트 상품을 보며 '에휴, 저게 당첨이 되겠나' 싶어 대부분 포기하고요. 하지만 진정한 짠테커는 그 밑 등수를 먼저 봅니다. 거의 백이면 백 4~5등 상품이 커피 기프티콘이죠. 설문조사 이벤트, 각 기관에서 홍보하는 유튜브 구독 이벤트, 아이디어 이벤트 등 자소서 쓰는 느낌으로 100자 이상만 써도 뽑힐 확률이 높아요. 누군가는 '에이 뭐야, 4등이네'라며 1등이 아닌 것에 실망할 수도 있지만, 우리 짠테크계에서 커피 쿠폰은 그저 빛과 같죠. 언제 봐도 짜릿한 검은색 바코드… 전 이렇게 해서 얻은 커피 쿠폰이 정말 많습니

▶| ◀))

다. (어깨 으쓱)

아무튼 이런 자잘한 이벤트 정보는 재테크, 짠테크 카페에 하루에 몇 개씩 올라옵니다. 화장실에서, 버스에서 시간 날 때 5분 정도 투자해서 응모해보세요. 기프티콘으로 누리는 소확행을 맛볼 수 있습니다.

📌 김짠부님이 고정함

김짠부 재테크 / 짠테크 3주차

📌 기프티콘 중고거래 앱 : 팔라고, 기프티콘, 기프티스타
📌 기프티콘 사용 시 현금 영수증 챙기기
📌 이벤트 4, 5등 커피 쿠폰 노리기

KEYWORD

저축 🔍

연관 키워드

재무 목표, 가계부, 고정 지출, 변동 지출, 통장 쪼개기, 절약, 목표, 적금, 제2금융권, 세금, 이자, 금리, 특판, 빚, 대출

심플 이즈 더 베스트, 저축!

재무 목표, 가계부, 고정 지출, 변동 지출, 통장 쪼개기… 이런 단어들을 듣다 보면 갑자기 머리가 아파오면서 뭐부터 해야 할지 복잡해진다. 계획만 짜다가 실천하기도 전에 기운이 다 빠지기도 한다. 내가 받는 고민들을 보면 대부분 이 단계에 있는 것 같다. '재무 목표에서 목표 저축액은 어떤 기준으로 쓰면 되나요?' '만약 일을 못 하게 되면 어쩌죠?' 재테크의 시작은 어려운 차트 공부부터 시작할 거라 생각했는데, 갑자기 트레이닝복 입은 여자 애가 나와서 "절약이 먼저입니다!"라고 말한다면 나라도 저런 고민을 할 것 같다.

그런 고민 상담을 받을 때마다 내가 역으로 했던 질문은 모두

'목표'다. "왜 돈을 모으세요?" 학자금 대출, 전세 보증금, 내 집 마련 등 목표는 다양했다. "그럼 그 목표를 위해 무엇을 해야 할 것 같으세요?"라고 물으면 돈을 모아야 할 것 같다고 답한다. "돈을 모으려면 어떻게 해야 할 것 같으세요?" 이때부턴 답하기 어려워한다. 모아본 적 없기 때문이다. 난 늘 같은 답을 한다. "다이어트할 때 덜 먹고 더 운동하는 게 정답이잖아요, 돈도 똑같아요. 덜 쓰고 많이 모으고 더 벌면 돼요. Simple is the best." 간단하다. 돈을 모으면 된다. 돈을 모으는 가장 간단하고 단순한 길, 저축부터 해보면 된다. 처음에 정보 과잉으로 뭐부터 해야 할지 헷갈릴 때, 나도 저축부터 시작했다.

일단 내 기준에 정말 큰 금액이었던 50만 원부터 저축해보기로 했다. 청약, 비상금, 경조사 비상금까지 합쳐 한 달에 80만 원을 저축했다. 두 달만 모아도 160만 원! 스스로가 너무 대견했다. 하지만 이 뿌듯함은 오래가지 못했다. 재테크 카페에서 난다 긴다 하는 사람들은 대부분 수입의 80% 이상을 저축하고 있었기 때문이다. 한 번도 내 저축 금액을 퍼센트로 계산해볼 생각은 못했다. 하도 80%, 90% 이야기해서 나도 내 수입 대비 저축률을 계산해봤더니 40%가 채 되지 않았다. 80만 원이라는 돈이 엄청 큰 것 같았는데, 저축률로 따지니 굉장히 작게 느껴졌다. 그 이후로 저축률 높이기를 목표로 고정 지출, 변동 지출, 누수 지출을 줄여 나갔다. 최대 88%까지 저축하고 자랑스럽게 카페에 자랑하기도 했다. 항상 '부럽습니다' '대단하세요'라는 댓글만 달다가 이젠 내가 그런 댓글을 받게 됐다! 그 정도가 되면 이젠 사람들의 반응 때문이 아니어도, 통장 잔고에서 느껴지는 든든함에 매달 평균 80% 이상은 자연스럽게 저축하게 된다. 심플 이즈 더 베스트. 저축도 딱 세 가지만 기억하면 된다.

1. 재무 목표를 세운다.
2. 월급의 50%를 저축한다.
3. 가계부를 쓴다.

재무 목표를 세우고 나선 바로 저축이다. 그냥 묻지도 따지지도 말고 저축부터 해야 한다. 월급의 50%를 어떻게 저축할 것인가. 200만 원이 월급이라면 100만 원을 저축해야 한다. 그리고 나머지 100만 원으로 생활해야 한다. 물론 통신비, 교통비 같은 고정 지출도 이 100만 원에 포함해야 한다. 130만 원은 기본이고 150만 원만 쓰기도 벅찬데, 어떻게 100만 원으로 살지. 다시 한 번 물어야 한다. 돈을 왜 모으냐고. 목표를 다시 한 번 되새기자. 자연스럽게 모이는 돈은 없다. 의식적으로 가계부를 쓰며 내 지출을 점검해야 한다. 태어날 때부터 물욕이 없는 사람들은 가계부를 안 써도 월급의 80%를 모으는 데 무리가 없다. 하지만 난 본투비 물욕러고, 그런 나를 점검하고 셀프 반성하기 위해선 가계부가 필수 코스였다. (돈을) 적는 자만이 (자본주의 사회에서) 생존한다, 짠세계의 적자생존을 받들고 있다.

저축을 시작했더라도 순식간에 그 시도를 도로아미타불할 수 있는 것이 사람의 일이라, 나만의 저축 스타일을 찾았다. 큰 덩어리 두 개만 만드는 것이다. 여행 적금, 효도 적금, 내 집 마련 적금 등 각각 이름을 정해 적금을 만들면 동기 부여는 됐지만, 각 통장마다 돈 모이는 속도가 느려서 흥미가 떨어졌다. 10만, 20만 원… 이러다 보니까 돈 모이는 것이 잘 보이지도 않고, 마음이 해이해질 때마다 자꾸 적금을 깰지 말지 고민했다. 하지만 큰 덩어리 하나, 조금 작은 덩어리 하나. 이렇게 두 개로만 만드니 웬만한 상황이 아니고서야 적금에는 손을 안 댔다. 나는 이렇지만, 작지만 여러 덩어리를 만들어 만기의 기쁨을 누리는 것을 더 좋아하는 사람도 분명 있을 것이다.

고민할 것도 없이 저축을 해야 하지만 저축을 망설이게 하는데에는 돈이 돈을 만드는 시대에 저축한 돈은 돈이 되지 않는다는 사실도 한몫할 것이다. 힘들게 모아도 금리는 낮고, 이렇게 모으는 돈으로 더 나은 기회가 있지 않을까 괜히 아쉬운 마음도 든다. 그래서 나는 항상 제2금융권 은행에 적금 통장을 만들었다. ○○저축은행, 새마을금고, 신용협동조합(신협) 등 제1금융권보다는 낯선 제2금융권을 택한 이유는 딱 하나다. 은행보다 높은 금리. 약 1% 정도가 높고, 특판을 이용하면 최대 2%까지도 높은 금리로 적금을 만들 수 있다. 난 제2금융권 중에서도 새마을금고만 이용했는데, 새마을금고는 조합원에 가입하면 세금 우대를 받을 수 있기 때문이다.

세금 우대는 보통 이자에 대한 소득세인 경우가 많다. 일반 적금은 그 적금에 대한 이자가 발생하면 이자에 대한 소득세 15.4%(이자 소득세 14% + 지방세 1.4%)를 내야 한다. 100만 원씩 매달 열심히 적금해서 1년 뒤에 12만 원이라는 이자를 받는다고 치자. 그럼 12만 원의 15.4%인 18,480원을 제하고 101,520원만 받는 것이다. 난 이걸 새마을금고 특판을 알아보다가 알게 됐는데, 정말 벼룩의 간을 빼먹는다고 생각했다. (엉엉)

법인에 주주가 있듯 새마을금고에는 조합원이 있다. 협동조합에 조합원으로 가입하면 세금 우대 혜택을 받을 수 있는 것! 내가 사는 지역이거나 재직 증명서를 발급받을 수 있는 회사 근처 지역에 있는 새마을금고에 조합원으로 가입할 수 있다. 조합원에 가입하려면 가입 금액을 내고 출자금 통장을 만들면 된다. 현금만 가능하고, 각 지점마다 가입 금액이 다르기 때문에 미리 확인해야 한다. 출자금은 예금자 보호가 되지 않기 때문에 최소 금액만 넣는 것을 추천한다. 새마을금고 조합원이 되면 최대 3000만 원까지 세금 우대를 해준다. 농어촌 특별세 1.4%만 내면 되는 것! 그리고 다음 해에 배당금도 받을 수 있다는데, 세금 혜택만해도 충분해서 배당금에 대해선 잘 알아보지 않았다.

조금이라도 높은 이율의 특판 정보를 잘 찾는 것이 중요한데, 나는 네이버 카페 두 곳을 이용해서 특판 알림을 받고 있다. '짠돌이 부자되기' '월급쟁이 재테크 연구' 두 곳에 특판이라는 키워드로 검색 알림을 활성화해놓았다. 이 카페에 특판이라는 단어가 담긴 게시물이 올라오면 바로 알림을 받을 수 있다. 게시글 내용을 보며 집 근처인지 회사 근처인지 확인하고, 해당 금융사 지점에 바로 전화해서 지금도 게시글의 특판 상품이 있는지 확인해야 한다. 특판은 빨리 마감되는 편이니까 오전에 일찍, 직장인은 점심시간을 이용하는 게 좋다.

어떻게 돈을 모아야 할지 막막할 때, 나 빼고 남들은 다 돈 모으고 버는 것 같아 불안할 때, 그럴 때일수록 큰 숲을 먼저 보는게 좋다. 일단 큰 틀을 먼저 생각하고 만든 다음, 나무와 꽃들을 세세하게 가꾸어도 늦지 않다. 애초에 잘 조성된 숲이면 일일이 내 손으로 가꾸지 않아도 저절로 울창해질 수도 있을 것이다. 재테크에서는 짠테크가, 짠테크에서는 저축이 숲이다. 복잡하게 생각하지 말고, 일일이 따지지 말고 우선 저축부터 시작하자.

📌 김짠부님이 고정함

김짠부 재테크 / 짠테크 3주차

저축률 높이는 법

📌 저축에도 목표를 세우기

📌 수입 대비 저축률에 집중하기(50→80%)

📌 여러 개로 나누어 저축할지 덩어리로 저축할지 자신의 스타일 찾기

📌 특판 금리 찾아보기

좋은 빛과 나쁜 빚이 있다

전 필리핀에서 고등학교를 졸업하고, 열여덟 살에 대학교를 갔어요. 그때 필리핀이 10학년제였거든요. 아무튼! 열여덟 살에 대학교에 들어가서 딱 1학년까지만 공부하고, 바로 한국으로 돌아왔어요. 지이이인짜 공부랑 안 맞더라고요. 그냥 그 시간에 내가 하고 싶은 일을 하면서 돈을 버는 게 낫겠다 싶었어요. 그래서 전 학자금 대출이 없어요. 그래서 학자금 대출 먼저 갚냐, 저축부터 하냐는 질문에 섣불리 대답을 드리지 못해요. 하지만 빚이란 뭘까 하는 생각은 있습니다.

드라마나 영화에서 워낙 빚에 쩔쩔매고, 조폭이 찾아오고… 그런 장면을 많이 봐서 그런지 모르겠지만, 전 빚에 대한 인식이 안 좋았어요. "난 평생 대출 없이 살거야!"라고 호언장담했죠. 하지만 지금은 180도 달라졌어요. 대출에 대한 생각을 완전히 바꿨습니다.

부동산 공부를 하면서 반강제로 알게 된 게 바로 대출인데요. 좋은 빚과 나쁜 빚이 있다는 걸 그때 알았어요. 내 자산을 늘리기 위한 빚, 즉 미래에 수익을 기대할 수 있는 빚은 좋은 빚이에요. 대출 이자보다 높은 수익을 가져다준다면 그 역시 좋은 빚이죠. 월세를 받거나, 주식 배당금 같은 현금 흐름을 만들 수 있는 것들이죠. 부동산에 투자하기 위해, 혹은 내 집 마련을 위해 받는 대출이 대표적인 좋은 빚이라고 해요. 물론 투기를 위한 빚은 안 되지만요. 사업이나 주식도 내 자본을 최소한으로 넣고 레버리지를 활용할 수 있는 방법이 있죠.

나쁜 빚은 소비로만 나가는 빚이에요. 차, 명품, 옷이 대표적이고 이런 것들은 대부분 할부로 사게 되죠. 할부도 미래의 내 돈을 끌어다 쓰는 거니까 빚입니다. 제2금융권에서 빌리는 돈은 이자가 높기 때문에 이 역시 나쁜 빚이라고 할 수 있어요. 최대한 좋은 신용 등급을 유지하는 게 좋습니다. 전 신용 카드를 쓰더라도 할부는 하지 않고 연체 역시 단 한 번도 한 적이 없어요. 그렇게 신용 등급 1등급을 유지했습니다.

주거래 은행 창구에서만 대출 받는 줄 알았던 것도 큰 착각 중

하나였어요. 대출 상담사 분들이 계시더라고요. 대부분 은행과 연계된 분들이라 제일 저렴한 금리를 소개해주세요. 최대한 많은 대출 상담사에게 상담을 받아보는 게 좋아요. 지금 당장 대출을 받지 않더라도 미리미리 상담받아 보며 연습해두는 것도 좋을 것 같아요. 저도 아직 멀었지만 아파트를 사려고 할 때 대출이 어느 정도까지 나오는지 알아보고 싶어서 여러 상담사께 여쭤봤어요. 1억을 모으고 1억을 대출받아서 집을 살 수 있을지 없을지요. 상담사님 정보는 경매 강의를 들으면서 받았던 상담사님 리스트, 그리고 인터뷰하면서 만난 분들에게 추천받았습니다. 각 지역 은행 지점장님들도 많았어요. 이런 정보는 웬만한 카페에도 많이 있으니 참고하시면 좋을 것 같아요! 상담사분이 최대 대출액, 이자율(카드 실적, 상품 가입에 따라 달라져요.), 거치 기간(원금 상환 없이 이자만 내는 기간), 중도 상환 수수료(중간에 대출 상환 시 지불할 수수료) 등을 알려줍니다. 이걸 계산해서 내 수입으로 감당할 수 있는 곳, 적당한 곳, 규제 등을 고려해서 미리 생각해보는 것도 좋겠죠? 어차피 그들에겐 우리가 고객입니다. 쫄 필요도 없고, 무서워할 필요도 없어요!

오늘의 짠순이가 미래의 금순이다, 짠이팅!

KEYWORD

주식   🔍

연관 키워드

부수입, 투자, 코스피, 코스닥, 주식창, 삼성전자, 모의투자, 일확천금, 리딩방, 포트폴리오, ETF, 주가 지수, 펀드, 수수료, 안전, 스릴

내가 주식을 시작한 방법 '샀다 치고'

작년 3월부터 돈을 모으기 시작해 같은 해 12월, 목표했던 2000만 원이 모였다. 100원도 돈이라고 생각하며 허투루 쓰지 않았고, 영혼까지 끌어모아 부수입을 만들어낸 결과였다. 티끌 모아 티끌이라는 비웃음을 이겨내고 태산은 아니지만 흙무더기 까진 만들어낸 것이다. 스스로가 너무 자랑스러웠고, 뿌듯했다. 하지만 그런 기쁨도 잠시. 100만 원도 없던 시절엔 1000만 원이 그렇게 커 보이더니, 2000만 원이라는 숫자가 통장에 찍히니 그 돈이 한없이 작게 느껴졌다. 내가 아무리 덜 쓰고 부수입을 만든 다 해도 결국 그 돈을 맡기는 곳은 늘 은행이었다. 금리 1%대를 간신히 웃도는 은행 말이다. 낮은 은행 금리가 무섭게 느껴지기 시작했다.

돈을 모으면서 여러 유튜브 채널과 책을 통해 투자의 필요성을 어느 정도 느끼고 있었기 때문에 2000만 원이라는 자그마한 눈덩이를 조금씩 굴려보고 싶었다. 하지만 한편으론 두렵기도 했다. 늘 은행에 돈을 맡기며 원금 보장이라는 따스한 온실 속에 있었던 나였기에 힘들게 모은 돈이 10원이라도 사라지는 게 무서웠다. 늘 꽁꽁 안고 금이야 옥이야 키운(?) 통장이니 말이다. 하루 종일 검색창에 '투자 위험' '주식으로 돈 잃는 이유'를 검색하기도 했다.

두려울 때마다 읽었던 책을 다시 읽고, 봤던 유튜브를 다시 보며 건강한 투자를 다짐했다. 그래, 내가 일확천금을 꿈꾸는 것도 아니잖아. 열심히 공부해서 5%까지만 올려보자 하는 생각으로 주식 공부를 시작했다. 사실 공부라고 하기도 민망한 수준이었다. 검색창에 '코스닥 뜻' '코스피 뜻'을 검색하고 심장 박동 수처럼 느껴지는 주식창의 빨간줄, 파란줄이 무슨 의미인지도 검색해봤다.

근데 이쪽 세계도(?) 만만치 않게 광고가 판을 치고 있었다. '유료 리딩방'인지 뭔지부터 빨간줄, 파란줄을 검색할 정도면 주식 왕왕초보라는 걸 직감한 건지, 항상 설명 밑엔 '무료 재무 설계 상담 번호'가 적혀 있었다. 난 세상에 공짜는 없다고 믿는 사람이라

얼굴도 모르는 사람의 호의를 쉽게 받아들이지 않았다.

광고에 질린 나는 일단 핸드폰으로 주식창부터 열어 봤다. CMA 통장을 개설한 증권사 앱을 켜서 아무거나 눌러보기도 하고, 이름도 모르는 기업의 차트로 들어가서 두 손가락으로 확대 했다가 축소하기도 해보고, 관련 기사들과 볼 줄도 모르는 재무 재표를 열어 뜻도 모르는 단어들을 멍하니 쳐다보기도 했다. 한 국말이긴 한 거지…? 분명 한국말인데 해석이 안 되는 기분. 친해 지려고 열었던 주식창인데 괜히 사기만 저하됐다. 편하게 은행 에 따박따박 돈 넣으며 적금 만기일만 기다리는 건 세상 쉬웠는 데… 어른들의 세계는 어렵구나 싶었다. (김짠부야, 나야, 나도 어른이 거든?)

그렇게 주식은 다시 나와 먼 이야기가 되나 싶을 때쯤 모의투 자라는 것을 알게 됐다. 실제로 투자하기 전에 그것을 본떠 실시 하는 투자라는 뜻인데, 증권사마다 모의투자라는 시스템을 운영 하고 있었다. 실제로 돈을 투자해본다고 생각하고 매수, 매도도 해보고 체결의 긴장감까지 맛보는 것이다. 물론 진짜 돈이 필요 한 건 아니다. 말 그대로 모의니까!

난 이걸 '샀다 치고'라는 이름으로 바꿔 불렀다. 증권사에서 제 공하는 모의투자 시스템으로 하지 않고 혼자서 연습했다. 말 그대로 나 혼자 샀다 치고 주식창을 매일 보는 것이다. 우리나라에서 가장 큰 기업인 삼성전자로 연습을 해보기로 했다. 매수가 사는 것이고 매도가 파는 것이니까 매수 버튼을 눌렀다. 몇 주를 살 건지 적으라는 칸이 있었다. 주가 뭐지? 10묶음을 사야 1주로 쳐주나?… 놀랍게도 이만큼이나 주식에 대해 몰랐다. 왜 투자해야 하는지만 들었지, 주식의 기초에 대해서는 공부해본 적이 없었다.

삼성전자가 케이크라고 생각했을 때 여러 조각을 나눠서 그중 1조각을 내가 가진다고 이해했다. 아무튼 그렇게 1주를 샀다고 쳤다. 당시 삼성전자 주식이 1주당 5만 5000원이어서 내 통장에서 5만 5000원을 잠시 비상금 통장에 옮겨놨다. (실제로 주식을 산 건 아니지만 최대한 리얼하게 해보고 싶었다.) 그리고 그날 이후로 매일같이 주식창을 보기 시작했다. 오! 하루 만에 삼성전자가 5만 5600원이 됐다. 만 보 걸으면 하루에 100원 주는 앱테크로 치면 하루 만에 6만 보를 걸은 셈이었다. 그다음 날은 5만 6000원대로 올라갔다. 너무 신기했다. 금액과 함께 옆에 몇 퍼센트 오르는지도 같이 나오는데, 가끔 5% 이상 주가가 오를 때면, 왜 오르는 건지 궁금했다. 그럼 검색창에 삼성전자 주식 오르는 이유, 삼성전자 호재 등 여러 단어를 검색해서 최신 글로 올라온 포스팅이나 관련 기사를 읽기도 했다. 내 돈으로 샀다 치고 주식창을 들여다보니 어럽게만 느껴졌던 주식이 조금씩 친근하게 느껴졌다. 내 돈이 들어가면 움직이게 돼 있다는 사람들의 말을 폭풍 동의했다. 코스피 숫자가 오르면 여러 주식이 같이 오르고, 코스피 숫자가 떨어지면 같이 떨어지는 걸 보며 아무리 봐도 이해가 안 갔던 종합 지수도 어렴풋이 이해하기 시작했다.

이렇게 한 달간 모의투자로 조금씩 나만의 감을 쌓아가며 조금씩 실제로 매수를 해보기 시작했다. 내가 아는 대기업 위주로 1주씩 매수했다. 모의투자 때보다 더 떨리고 설렜다. 주식 카페에도 가입했다. 여러 기업 이름을 친구처럼 친근하게 말하는 카페 회원들을 보며 내가 몰랐던 세상에(내가 몰랐던 세상이 왜 이리 많은지…) 들어온 것 같아서 더 신기했다.

점점 욕심이 나기 시작했다. 당시 중국에서 코로나19가 심해질 때라 주식창이 매일 들쭉날쭉 했는데, 하루에 앱테크로 100원 200원 벌다가 몇 천 원, 몇 만 원이 오르락내리락 하는 주식창을 보며 마음이 조급해진 것이다. 하루에 1000원, 어떤 날에는 3만 원 이상 수익이 나는 주식창의 빨간 숫자들을 보니 더 초조해졌다. '만약 지난주에 이 기업에 돈을 다 넣었다면 돈을 더 벌 수 있잖아!' 일확천금을 바라지 않겠다던 나였는데 제대로 욕심이 난 것이다. '좀 더 잘 아는 사람의 이야기를 들으면 좋지 않을까?' 난 유혹을 뿌리치지 못하고 월 30만 원짜리 유료 리딩방(특정 주식을 사고 팔라고 알려주는 채팅방)에 들어갔다. 들어간 지 하루 만에 후회했다.

그 채팅방은 10분, 1시간 단위로 현재 상황에 맞는 기업을 추천해주며 매수, 매도 신호를 보내주는 채팅방이었다. 늘 테마주를 추천해줬는데, 예를 들면 이런 식이다. '코로나가 점점 심해지니 곧 택배를 이용하는 사람이 많아질 겁니다. 그럼 택배 박스의 수요도 늘겠죠. 제지 사업을 하고 있는 ○○기업 1350원에 매수하세요.' 몇 시간 뒤 혹은 다음 날에 보면 그 기업 주가가 실제로 오르기도 했다. 하지만 이런 리딩방은 대한민국에 차고 넘친다. 이 정도 정보력은 그 사람만 아는 게 아니라는 것이다. '고점에서 물린다'라고 표현하는데, 이미 오를 대로 오른 주가를 뒤따라가다가 -30%까지 손해를 본 적도 있다.

돈을 벌든 잃든 하루 종일 핸드폰을 보고 있어야 하는 게 가장 힘들었다. 1분 단위로 매수 매도 알림이 오는데 도저히 업무에 집중할 수 없었다. 매도 알림을 3분 늦게 봐서 금액이 곤두박질 친 적이 한두 번이 아니었다. 하루에 몇 번씩 사고 파는 단타성 주식은 나와 맞지 않다는 것을 뼈저리게 느낀 한 달이었다.

그리고 자꾸 몇 십만 원, 몇 백만 원이 순식간에 움직이다 보니, 회사 일이 굉장히 하찮게 느껴지기도 했다. 이게 가장 무서웠다. 비트코인이 유행하던 시절 괜히 '가즈아'라는 유행어가 생긴 게 아니구나 싶었다. 큰돈이 내 눈앞에서 움직이는데 회사일이 얼마나 따분하게 느껴지던지. 유료 리딩방을 통해 또 한 번 실감했다. 종잣돈은 노동으로 만들어야 한다는 것을.

호되게 당하긴 했지만 다행히도 주식으로 돈을 잃지는 않았다. 좋은 경험했다고 생각하고 장기 투자 쪽으로 눈을 돌렸다. 꾸준히 우상향할 수 있는 큰 기업들 위주로 조금씩 주식을 사 모았다. 보너스나 부수입이 들어오면 사고 싶었던 기업의 주식을 사는 재미도 쏠쏠했다. 그리고 지금은 저평가 우량주를 찾기 위해 꾸준히 공부하고 있다.

현재 내 주식 포트폴리오는 연금 펀드, 국내 개별 주식, 해외 개별 주식, 그리고 해외 ETF로 나뉘어져 있다. 이 중 가장 내 성격에 맞는 건 단연 ETF다. ETF는 'Exchange Trade Fund'의 약자로 상장 지수 펀드라는 뜻이다. 주식처럼 거래가 가능하고, 특정 주가 지수의 움직임에 따라 수익률이 결정되는 펀드다. 처음엔 이 뜻을 봐도 당최 무슨 소리인지를 알 수 없었다.

지수가 도대체 뭔가 싶을 수 있다. 나도 그랬다. 들여다보고 검색하면 조금씩 보인다. 삼성전자 주식을 모의투자했을 때 코스피가 오르면 높은 확률로 삼성전자의 주식도 오르는 것을 봤다.

그러다가 '아~ 코스피 지수라는 게 회사들의 평균적인 수치구나'라고 깨달았다. 코스피 지수는 코스피 시장에 상장된 여러 회사들을 한곳에 모아놓고 그 수치를 보여주는 것이다. 코스피 숫자가 오르면 코스피에 상장된 여러 회사들의 주가가 오르고 있다는 뜻이고, 코스피가 내려가면 회사들의 주가도 평균적으로 내려간다는 뜻이다. 물론 코스피가 하락해도 오르는 주식이 있긴 하다.

ETF는 이 지수를 쫄래쫄래 따라가는 아이다. 펀드처럼 높은 운용 보수(수수료)가 들지도 않고, 개인이 개별 주식처럼 사고팔 수 있기 때문에 많은 사람들이 주식 초보자에게 ETF를 추천하기도 한다. 여러 기업에 분산 투자하기 때문에 엄청 오르지는 않을 수도 있지만, 그만큼 잘 내려가지도 않는다는 것이 ETF의 장점인 것 같다. 그리고 배당금까지 더하면, 은행 이자보다 더 나을 수도 있다.

투자와 관련해서 많은 사람들이 많은 이야기를 한다. 계속 찾아보고 듣다 보면 투자나 금융 상품의 개념이나 큰 틀, 방식 등 반복되는 이야기가 나온다. 이를 마치 내가 만든 것처럼 이야기할 수 있을 정도로 충분히 이해하고 익숙해지는 것이 좋다. 그다음 자신의 성향에 따라 안전하게 투자할지, 스릴을 즐기며 투자할지 선택하는 일이 따라올 것이다. 안전하다고 해도 불시에 위험이 찾아올 수 있고(코로나가 갑자기 찾아왔듯 갑자기 언제 어디서 무슨 일이 일어날지 모르는 게 사람일이니까), 스릴을 즐기다간 공포가 찾아올지도 모른다. 불안한 시대에는 뭐든 불안하기 마련이지만, 남의 말을 듣고 덜컥 떠안은 불안보다는 내가 충분히 공부하고, 연습하고, 쌓은 감으로 선택하는 불안이 더 감당하기 편하지 않을까. 투자에서도 내가 가장 중요하다는 것, 잊지 말아야 한다.

📌 김짠부님이 고정함

김짠부 재테크 / 짠테크 4주차

주식 투자 초초보를 위한 팁

📌 금융사 앱의 모의투자 적극 활용하기

📌 14F, 존리, 소수몽키, 똔누 등
　여러 유튜브 채널로 반복 학습

짠팁 ▶ 내 일상에서 시작하는 주식 투자 기업 찾기

주식을 시작하고 가장 좋았던 건 물건이나 기업을 대하는 자세가 달라졌다는 겁니다. 소비자의 마인드에서 투자자의 마인드가 되니 많은 것들이 다르게 보이더라고요. 예전에는 고깃집에 로봇이 서빙하는 것을 보고 사람의 일자리가 점점 사라지는 것 같아 씁쓸했어요. 하지만 이제는 자연스럽게 로봇 뒤를 살피게 되었달까요. 마치 옷 뒤에 태그를 확인하듯, 어느 기업에서 만든 로봇인지 확인해보고 싶어요. 앞으로 이런 수요가 많아진다면 이런 로봇을 만드는 기업은 투자할 가치가 있다고 생각하기 때문이죠. 가끔 이런 모습이 신기하게 느껴질 때도 있어요. 고깃집에서 해장술 마시던 욜로족 김짠부가 이젠 투자처를 확인하고 있다

▶┃ ◀))

니! 재테크 IQ가 높아진 기분이었습니다.

주식을 처음 시작할 때 우리나라에 이렇게 많은 기업이 있다는 것에 놀랐던 기억이 있습니다. 이름만 대면 아는 대기업 몇 군데를 제외하곤 다 처음 보는 기업들이었거든요. 그래서 저는 집에 있는 물건들의 뒷면(?)을 보는 연습으로 기업에 대해 알아보기 시작했습니다. 내 일상에 자연스럽게 스며든 물건이 무엇인지 적어보고 그 옆에 제조사나 유통사를 적어 상장된 기업인지 확인해보는 거죠. 그리고 네이버에 그 기업을 검색해서 재무제표를 보거나 어느 기업에 납품하는지도 알아보는 거죠. 재무제표 보는 방법은 유튜브나 책에 정말 자세히 나와 있습니다. '한 번에 머릿속에 입력해야지!'라는 생각보단 길게 보고 퍼즐 하나씩 모은다고 생각하고 하루에 10분만이라도 매일 공부하면 좋을 것 같아요.

KEYWORD

부동산

연관 키워드

내 집 마련, 현타, 아파트, 공부, 규제, 무주택자, 유튜브, 임장, 입지, 역세권, 슬세권, 경매, 청약

하루아침에 끝날 일 아니니까, 재미있게

 내 집 마련을 위해 돈을 모으기 시작했지만, 일단 돈부터 모으자는 생각에 부동산 공부보다는 절약과 저축에만 집중했다. 그저 1억을 모아서 그 돈을 들고 은행을 찾아가면 '노력이 가상하구나, 돈을 빌려주마' 하며 대출을 받을 수 있을 것 같은 그런 생각?… 돈만 모으고 있었을 뿐 부동산에 대한 지식은 전혀 없었다. 항상 아파트에 살고, 또 이사를 하면서도 단 한 번도 집을 어떻게 사는지에 대해 관심이 없었다. 그냥 그런 건 부모님이 하는 것, 어른이 되면 어떻게든 알게 되는 세계라고 생각했다. 하지만 현실은 달랐다. 어른이 된다고 부동산을 아는 게 아니었고 자연스럽게 터득할 수 있는 지식도 아니었다. 공부를 해야만 했다.

하지만 도대체 부동산 공부는 어떻게 해야 하는지 막막했고, 그럴 때마다 서울 아파트 몇 십 억 어쩌구저쩌구 하는 뉴스 기사에 현타가 왔다. 1억 모으기도 힘들어 죽겠는데, 몇 십 억까지는 아니더라도 몇 억 하는 내 집 마련이 가능은 한 건지, 뭐 좀 공부하려고 하면 계속해서 나오는 규제 때문에 머리는 더 복잡해졌다. (사실 무주택자라서 크게 해당되는 내용이 없는데도 혼자 머리 아파했다. 지금 생각해보면 그냥 공부하기 싫어서 규제 핑계 댔던 것 같기도 하다.)

부동산은 남의 일로만 생각하고 있을 때, 친구의 블로그를 유심히 보게 되었다. 그 친구는 나와 동갑이고, 돈을 모으기 시작한 시기, 짠테크 방법 등이 비슷해 평소에도 댓글로 소통하는 이웃이었다. 그 친구가 어느 날부터 부동산 관련된 포스팅을 하기 시작했다. 매일 호재를 검색하고, 부동산 사이트를 들락날락하며 내 집 마련의 꿈을 이뤄가는 모습을 보게 됐다. 나이도 똑같고, 처한 상황도 비슷했기 때문에 그 친구의 포스팅에 자극받아 다시 한 번 부동산 공부에 불을 지폈다.

처음엔 유튜브를 통해 부동산의 기초적인 지식을 쌓았다. 집을 사려면 꼭 부동산 중개소에 가야 하는 줄 알았는데 꽤 여러 방법이 있다는 것도 유튜브를 통해 알게 됐다. 근데 문제는 단어 자체가 너무 어렵게 느껴진다는 것이다. 분양, 일반 매매, 경공매.

이게 뭐가 어렵냐고 할 수도 있겠지만 난 어려웠다.

이해가 안 되면 외우라는 진리를 받들어 구구단 외우듯 달달 외우기도 했다. 그러다가 유튜브 영상을 보며 가장 도움을 많이 받았던 분이 운영하는 네이버 카페에 가입했다. 많은 부동산 선배(?)들이 올린 게시글을 보며 "이런 사람들이 모인 곳에 가면 좀 더 자극이 되고, 배우는 게 많지 않을까?"라는 생각에 카페에서 운영하는 유료 임장 모임에 가입했다.

임장이란 관심 있는 부동산 현장에 직접 찾아가서 해당 지역을 보고 주변 인프라를 경험해보는 활동이다. 요즘은 부동산 관련 사이트가 잘 돼 있어서 굳이 해당 지역을 가지 않아도 알 수 있지만, 그럼에도 불구하고! 가야만 느낄 수 있는 것들(아파트 분위기, 소음의 정도, 주변 세세한 인프라 등)이 있기 때문에 내가 투자하려는 지역은 꼭 임장을 가봐야 한다고 들었다. 그 중요성을 알긴 하지만 혼자 가면 뭘 보고, 어떻게 돌아다녀야 하는지도 모를 것 같아서 조금은 비싼 금액이었지만 5개월에 55만 원인 부동산 관련 모임에 가입했고, 매주 토요일마다 임장을 갔다. '당장 투자할 지역을 찾아내겠다!'라는 생각보다는 나보다 잘 아는 분들의 얘기를 바로 옆에서 들을 수 있다는 것에 의미를 뒀다. 여행이 아니면 한 번도 간 적 없는 지역들을 주말마다 가면서 아파트를 보는 눈이 조금씩 바뀌었던 것 같다. 내가 살기 좋은 곳, 내가 살고 싶은 곳보다 남들이 다 살고 싶어 하는 곳을 사야 한다는 것. 입지를 볼 때 중요한 다섯 가지(일자리, 교통, 학군, 인프라, 자연 환경)도 이론으로 배울 때랑 실제로 지역을 돌아다니면서 느끼는 게 정말 달랐다. 아… 비싼 데는 이유가 있구나. 가격으로 실감하게 되는 입지랄까…?

당시 모임의 팀원들은 대부분 다주택자여서 부동산에 빠삭한 분들이었는데, 내가 모르는 단어가 나올 때마다 따로 적어서 집에 와서 공부했다. (무피, 풀피, 갭 같은 게 무슨 말인지 몰랐다.) 카카오톡 오픈 채팅방에서 보내주는 부동산 관련 기사들을 읽고, 모르는 단어를 알아보는 식으로 공부를 했다. 경매가 궁금하면 경매 책을 사 읽었고, 청약이 궁금하면 청약 관련된 유튜브를 보거나 책을 읽었다. 근데 아무리 읽고 아무리 들어도 어렵고 막막했다. 이쯤되면 자연스럽게 터득할 법도 한데 여전히 이게 한국말이 맞는지 의아한 것투성이었다. 어렸을 때 수학 문제를 풀 때처럼, 어려워도 계속 부딪치면 X라는 숫자가 자연스럽게 느껴졌던 그때를 떠올리며 그냥 계속 부딪쳐서 이 단어들과 친해지자고 생각했다. (물론 난 수포자다.)

임장을 가기 전, 철저히 그 지역에 대해 분석했고, 카페에서 해당 지역을 검색해 미리 임장을 다녀온 회원들의 글을 읽기도 했다. 임장을 가서는 부동산 중개인이 하는 말을 빠짐없이 적었고,

집에 와서도 그날의 임장에 대한 전체적인 내용을 한 번 더 복습했다.

임장을 다녀본 사람은 알겠지만, 두세 군데 보는 것만 해도 정말 지치고 힘들다. 지방 임장은 더더욱 그렇다. 하지만 내가 살 곳이 아니더라도, 이렇게 분석해보는 연습이 언젠간 나에게 거름이 될 것 같았다. 부동산 사무실에 처음 들어갔을 땐 너무 떨려서 아무 말도 못하고 옆에 팀원들이 하는 말에 고개만 끄덕이기도 했다. 그렇게 두 번째, 세 번째 방문 횟수가 늘어가면서 나중엔 자연스럽게 의자에 앉아 "사장님, 저 이 근처 집 알아보고 있는데요~ 요즘 여기 분위기 어떤가요?"라며 얘기를 꺼내기도 했다. 나에겐 장족의 발전이었다.

지금도 약속 시간보다 미리 그 지역에 도착하면 근처 부동산에 가서 사장님께 이것저것 여쭤본다. 불친절한 분들도 있지만, 내 경험상 대부분은 친절하게 알려주신다. 내 나이대에 부동산을 가면 "어려 보이는데 벌써부터 공부하는 거야? 대단하네~"라는 칭찬도 꽤 자주 듣는다. 그 맛에 부동산을 더 자주 다닌 것 같다. 허허.

만약 내가 정말 관심 있는 지역이라면 내 번호를 남기고 급매가 나오면 연락 달라고 하면 된다. 부동산과 연결된 대출 상담사 분들도 있어서 대출에 대해서도 같이 얘기해보면 좋다. 꼭 그 부동산에서 계약하지 않더라도 사장님과 이런저런 얘기를 하다 보면 생각보다 얻는 인사이트가 많다. 지역 호재라든지, 이 지역은 전세 수요가 많은지 월세 수요가 많은지도 여러 부동산을 다녀보면 들을 수 있다. '호갱노노', '부동산지인' 같은 사이트에서도 이런 자료가 잘 나와 있지만, 실제로 듣는 것과는 꽤 차이가 있다.

그래도 부동산에 들어가는 게 주저된다면, 전화로 먼저 얘기를 나눠보는 것도 좋다. 아직 내 집 마련이 멀게 느껴진다 해도 '난 이런 집에 살고 싶다~' 정도는 생각해두는 게 좋다. 그 집 주변 부동산에 전화해서 "○○ 아파트 물건 나온 거 있나요? 매매 가격은 얼마인가요? 전세 가격은요?" 정도만 물어봐도 대부분 잘 알려주신다.

이런 과정을 겪으면 나도 모르게 보는 눈이 조금씩 달라진다. 즉 입지에 대해 생각이 트인다. 난 부동산 공부를 하면서도 우리 집에서 20분 정도 떨어진 역세권에 살고 싶어 했다. 금액이 오를 대로 오른 곳인데 그냥 우리 집에 비해 살기 좋아 보였다. 역도 있고, 주변에 작지만 있을 거 다 있는 백화점도 있고! 하지만 여러 지역을 다녀보며 그 생각을 접었다. 같은 금액대라면, 내가 좋다고 생각하는 곳보다 모두가 좋다고 생각하는 곳을 찾는 게 더 낫겠다는 판단이 들었다. 주식과 마찬가지로 부동산도 저평가된 우량주를 찾는 게임인 것 같다.

근처에 학교가 있는지, 학생들 분위기는 어떤지 등 입지 외에 봐야 할 것들이 무엇인지도 점점 알게 된다. (인터뷰했던 분의 말에 따르면 학교 앞에 지나다니는 학생들의 가방이 크고 무거워 보이는 백팩이면 대부분 학군이 좋았다고 한다.) 일자리가 주변에 많은지, 교통이 좋은지, (경기도라면) 서울까지 얼마나 걸리는지, 주변 인프라가 좋은지[요즘은 슬세권(슬리퍼와 세권의 합성어로 슬리퍼를 신은 편한 복장으로 각종 여가·편의 시설을 이용할 수 있는 주거 권역을 이르는 신조어)이라고 부른다], 주변에 공원이 있는지 등 주변 입지를 확인하게 된다.

투자를 잘하시는 분들은 아파트 근처 상권에 꽃집이 있는지도 본다고 한다. 꽃을 자주 산다는 건 인테리어에 관심이 있거나 소득이 일반적으로 높을 확률이 있기 때문에. 물론 어디까지나 개인의 의견일 뿐이지만 여러 지역을 다니다 보면 나름대로 저평가된 아파트를 찾을 수 있는 눈이 생기는 것 같다. 재테크 마인드가 잘 맞는 친구나 애인이 있다면 주말을 활용해서 같이 임장을 다녀보는 것도 좋다. 난 당시 그런 친구가 없어서 카페에 가입해 유료 모임을 나간 것이다.

내가 원하는 나의 재테크 방향이 있다면 관련된 카페에 가입해 오프라인이나 온라인 모임을 참석하는 게 가장 좋은 방법이라고 생각한다. 요즘은 오픈 채팅방도 다양해서 내 성격과 잘 맞는 곳을 찾아보는 걸 추천한다. 나는 호갱노노라는 앱을 활용해서 근처 집값이 얼마인지 확인하는 습관이 생겼다. 어딜 가든 앱을 켜서 근처 아파트 중에 대장 아파트를 찾아보고 근처에 어떤 학교가 있고, 어떤 시설이 있는지 보는 것이다. 우리 몸은 하나이기 때문에 전국 지역을 임장 다닐 수 없다. 그래서 앱을 활용해 미리 랜선 임장을 해보는 것도 좋다. 약속이 있어서 버스를 탈 일이 있다면 버스에서도 앱을 켜서 주변 시세를 확인해보면 좋다. 난 포켓몬 잡듯 게임처럼 생각하고 있다. 앱에선 전월세 가격부터 시작해 언제 지어졌는지는 물론 그 아파트에 대해 사람들이 나누는 대화도 볼 수 있다. 근처 학군, 학원가, 호재도 제공한다.

지금과 같은 정보화 시대에는 정보를 잘 뽑아먹는 사람이 승자다. 부동산지인이라는 사이트에서 지역 분석, 아파트 분석 자료도 모두 무료로 제공한다. '청약홈' 사이트에 들어가면 매달 어느 지역에 청약 일정이 있는지 보기 쉽게 캘린더로 제공하고 있고, 법원 사이트에 들어가면 경매 일정도 모두 보여준다. 유료 경매 사이트(굿옥션, 더리치옥션, 스피드옥션)에 가입하면 권리 분석까지 다 해주지만, 일단 무료 사이트를 활용해 최대한 뽑아먹는 게 좋다.

그런 노력을 해서라도 나를 부동산에 끊임없이 노출시켜야 한다. 주변에 누가 있고, 내가 어떤 말을 듣는지가 정말 중요하다. 그리고 이 모든 게 힘들게 느껴지는 순간에는 가입한 카페에 들어가 사람들의 낙찰 후기, 인테리어 인증샷, 도서 목록 등 내가 자극받을 수 있는 게시글을 보자. 뭐든 각 잡고 하려면 금방 지치는 것 같다. 재밌게 게임하듯 다녀야 오래할 수 있다. 어차피 하루이틀 하고 끝낼 거 아니니까! 평생 해야 하는 거니까 이왕 할 거 재밌게 해보자.

📌 김짠부님이 고정함

김짠부 재테크 / 짠테크 4주차

부동산 살 돈이 있다 치고!

📌 호갱노노, 부동산지인 등 앱으로 시세 알아보기

📌 살고 싶은 집 근처 부동산에 찾아가거나 전화해보기

📌 임장 모임 참여해보기

눈덩이처럼 격차는 벌어질 것이다

2020.9.2.

"나중에 남을 부러워하지 않을 자신 있으면, 편하게 살아."
부동산이든, 주식이든
내 자산을 불려나가는 것은 생각 이상으로 어렵다.
"평생 아무것도 모르고 살 뻔 했네"라며 아찔할 때가 있다가도
"그냥 모르고 살 때가 편했다"라는 생각이 들 만큼 머리가 복잡
할 때도 있다.

ROE 몰라도 내일 입을 옷은 있고

경제 뉴스 안 읽어도 내일 먹을 밥은 있다.
그냥 적당히, 편하게 살 수도 있다.

하지만 내가 살아지는 대로 살자며 공부를 멀리하는 동안
누군가는 더 찾고, 더 움직이면서 기회를 보고 있다.
그리고 그 격차는 시간이 지날수록 더 벌어질 것이다.
덩어리가 커질수록 더 빨리 불어나는 눈덩이처럼.

과연 나는 그때,
나보다 잘나가는 사람을 보며 마냥 축하만 해줄 수 있을까?
누군가와 비교하지 않는 것과
과거에 대한 후회는 조금 다른 이야기다.
나중에 누군가를 부러워하며 살고 싶지 않다.
왜 그때 더 공부하지 않았을까 후회하고 싶지도 않다.

계속 몰랐던 것은 어쩔 수 없지만
듣고 보고 알게 됐다면
조금이라도 움직이자.
오늘도 허벅지 꼬집는 심정으로
경제 뉴스 한 페이지를 더 읽어본다.

KEYWORD

퇴사

연관 키워드

비정규직, 프래랜서, 이직, 저축 중단, 유튜브, 구독자, 직장인, 자유

회사 없이 만 원이라도 벌어보고

방송국에서 비정규직에 주급을 받는 프리랜서 PD로 얼마 전까지 일했다. 그동안 여러 회사에서 일했는데, 가장 적게 돈 주는 방송국에서 가장 오래 일했다. 그만큼 재밌었고, 또 행복했다. 연속 21일 동안 일한 적이 있을 만큼 주말 출근을 자주 했는데, 돈도 돈이었지만 그만큼 내가 좋아하는 일이었기 때문에 가능했다. (쉬는 주말에는 빨리 월요일에 회사 가고 싶다고 생각한 적도 있는 회사 덕후였다.) 회사에 딱히 불만을 가지거나 이직할 생각은 없었다. 같이 일하는 선배들이 너무 좋았고, 어릴 적부터 방송국에서 일하는 걸 꿈꿔왔는데 그 꿈을 이뤄준 곳이었기 때문이다. 녹화 방송이 아닌 생방송을 진행했기 때문에 하루하루가 다이나믹했지만 그만큼 생방송만의 희열이 있었다. 그런 내가 퇴사를 했다. 10원까지 아껴가며 돈을 모았던 내가 고정 수입을 포기하다니! 그만큼 나에게 퇴사는 큰 결정이었다.

지금까지 제일 재밌는 일은 방송 일뿐이었는데, 그런 나에게 유튜브라는 더 재밌는 일이 스며들기 시작했다. 그리고 그 재미는 점점 방송을 따라잡았다. 유튜브를 시작하고 6개월쯤 됐을 때 진지하게 퇴사를 고민했다. 하루 종일 유튜브 편집만 하고 싶을 만큼 유튜브가 좋았지만, 그러기엔 불안정한 수입이 내 발목을 잡았다. 좋아하는 일을 선택해도 되는 걸까? 나 이제 무책임하면 안 될 나이 아닌가? 경기도엔 방송국이 없는데… 내 경력을 살려서 어딜 갈 수 있을까? 이렇게 좋은 선배들을 만날 수 있을까? 정말 수많은 고민을 했고, 그 고민을 들은 제일 친한 선배는 출퇴근이 힘든 거면 우리 집에 들어와서 살라고까지 말해줬다. 그래서 회사에서 15분밖에 안 걸리는 선배 집에서 같이 2주 정도 생활하기도 했다. (진짜 이런 선배는 앞으로도 못 만날 것 같다. 이런 선배가 있는 회사를 때려치우는 후배가 몇이나 있을까.) 아무튼 그래서 진지하게 회사 근처에서 자취할지도 고민해봤는데, 아무리 멀어도 집 마당에서 느끼는 힐링은 포기하기 어려웠다.

고민을 거듭하길 3개월, 내가 속했던 팀이 해체되고, 월 평균 유튜브 수익으로 생활비 정도는 충족됐을 때 퇴사를 결정했다.

그때까지도 회사에 소속되지 않고 일할 생각은 전혀 없었다. 그저 왕복 출퇴근 4시간을 버스에서 버리느니 집 근처 회사를 다니며 유튜브에 더 집중해보겠다는 생각이었다. 하지만 퇴사 후 여러 곳에 이력서를 넣으며, 자소서인지 자소설인지 모를 글을 쓰면서 이렇게까지 고정 수입에 목매야 하나 싶었다. "이 회사를 들어오고 싶은 이유가 뭔가요?" 면접 볼 때 수없이 질문받으면서 '가까워서, 그 시간에 유튜브 편집 하나라도 더 하려고요'라는 속마음과 다른 말을 지어내려니 너무 곤혹스러웠다.

코로나로 인해 하루가 다르게 사라지는 직업들, 또 새로 생기는 직업들을 보면서 이렇게 불안정한 시대인데 이왕 불안정할 거내가 좋아하는 일 하면서 불안정할 게 낫지 않을까 하는 생각이들었다. 회사를 마케팅하는 시간에 나를 마케팅하면 어떨까? 돈이 안 되더라도 내 콘텐츠를 쌓으면 그게 내 경쟁력이 되지 않을까? 그리고 지금 이렇게, 항상 꿈만 꿨던 '좋아하는 일을 하는 삶'을 살고 있다. 유튜브 기획을 하고, 블로그에 재테크와 나의 프리랜서 일기를 포스팅 하고, 투머니 스쿨이라는 온라인 재테크 모임을 기획하고 있다. 여전히 불안정하지만 내가 하루를 기획하고, 내가 스스로를 고용해서 나라는 가게를 운영하는 기분이다. 영상을 보고, 인스타를 하고, 어떤 가게에 갈 때마다 저기서 내가 배울 건 없을까, 내가 적용할 건 없을까 고민하게 된다.

만나는 사람이 달라졌다는 사실도 지금의 큰 기쁨이다. 항상 같은 동료들, 같은 친구들을 만나고 퇴근하면 지쳐서 집 가기 바빴는데, 지금은 매일 다른 사람들을 만난다. 인터뷰를 제안하면서도 만나고 다른 프리랜서분들의 소개를 받아서도 만나는데, 직장인 시절엔 얻을 수 없었던 인사이트를 얻는다. 그리고 점점 더 확신이 들었다. 앞으로도 내가 하고 싶은 일을 해도 되겠다는 확신.

현대 직장인 2대 허언이 "나 퇴사 할거야" 그리고 "나 유튜브 할 거야"라고 한다. 그만큼 많은 직장인들이 사직서를 가슴에 품고 출근한다. 하지만 차마 월급을 포기하지 못해 꾸역꾸역 아침에 일어나서 출근을 한다. 하지만 무조건 퇴사만 꿈꾸는 건 옳지 않다. 내 성향이 어떤지 파악하는 게 첫 번째다. 모두가 퇴사를 한다고 나까지 퇴사할 이유는 없다. 고정적인 수입에서 안정감과 행복을 느끼는 사람도 있다. (나도 그랬다.)

하지만 좀 더 주도적으로 일하는 걸 좋아하는 성향이라면 내가 어떤 일을 할 때 즐거운지, 주변 사람들이 내게 어떤 주제의 질문을 자주 하는지 등 내게 맞는 일에 대해 충분히 고민하는 시간을 가지면 좋겠다. 그리고 꼭! 회사를 다니면서 부수입을 창출하는 시간이 필요하다. 회사 없이 만 원이라도 벌어본 사람이 10만 원도 벌 수 있고 100만 원도 벌 수 있다. 회사를 다니면서 안정적인 수입을 유지하며 나만의 일을 쌓아가는 것! 물론 어렵다는 것을 잘 안다. 하지만 거꾸로 너무 쉽게 생각했던 건 아닐까? 이 세상에 쉬운 건 하나도 없다. 회사를 나와보니 시간을 마음껏 쓸 수 있다는 자유로움은 좋지만 회사에서 제공되는 모든 걸 나 혼자서 해야 하고, 대인 관계도 직접 발로 뛰어야 한다. 회사를 다니면서 이런 것들을 미리 쌓아놓는다면 훨씬 더 안정적인 1인 기업이 될 것이다.

N잡러, 언제 퇴사해야 할까

2019년 9월 25일에 첫 영상을 업로드하고 약 두 달 뒤인 11월 17일에 구독자 1000명을 달성했습니다. 유튜브에 광고를 붙이려면 구독자 1000명과 시청 시간 4000시간이라는 조건이 필요한데, 이를 충족한 거죠. 광고 신청을 하고 11월 20일에 수익 승인이 났고요. 여기서 광고 수익이란, 우리가 유튜브를 볼 때 흔히 나오는 5초 광고, 15초 광고에 대한 시청 수익이 저에게 오는 겁니다. 제가 올린 영상 앞, 중간, 뒤에 알고리즘에 의해 자동으로 광고가 붙어요. 광고가 붙는 조건이 구독자 1000명, 시청 시간 4000시간인 거죠. 유튜버 세계에서 이 정도면 굉장히 빠른 시간에 수익 승인이 난 편입니다.

매달 유튜브로 받는 광고 수익은 평균이라는 게 없을 정도로 변동 폭이 심하지만, 평균 50만 원은 꾸준히 들어올 수 있겠다는 판단이 섰을때 퇴사를 결정했어요. 50만 원이면 저의 교통비, 통신비 같은 고정 지출과 식비, 꾸밈비, 문화생활비 같은 변동 지출까지 커버할 수 있는 금액이거든요. 자신만의 기준을 만들고, 감당 가능할 정도가 되었을 때 퇴사해도 늦지 않으니 사직서 쓰기 전에 가계부부터 쓰세요.

KEYWORD

1인 브랜딩

연관 키워드

또래, 유튜브, 구독자, 가계부, 콘텐츠, 레드 오션,
내 것, 투자

지구에 70억 명 있으면 70억 개 이야기가 있다

짠테크를 시작하면서 드는 외로움을 온라인 카페 등에서 풀었다. 나름의 외로움을 달랠 수 있었지만 뭔가 채워지지 않는 게 있었다. 그건 바로 또래가 많이 없다는 것. 당시 대부분의 게시글은 결혼한 사람들, 나아가 자녀가 있는 사람들의 이야기였다. 20대 여성 그리고 나처럼 웃긴 드립이나 짤 사용에 능하고 함께 웃을 수 있는 사람들을 찾고 싶었다. 인터넷 밈에 익숙하면서 짠테크 이야기를 나눌 수 있는 그런 사람 말이다. 그러다 유튜브에서 절약 브이로그를 올리는 '강과장' 님을 우연히 알게 됐다. 온라인 카페에서 게시글로 읽을 때랑은 또 다른 느낌의 위로를 받을 수 있었다.

그분을 보며 괜스레 용기를 얻어 2019년 9월 유튜브를 시작했다. 나처럼 돈 아끼고 있는 동년배를 유튜브를 통해 만나고 싶었다. '나처럼 아끼고 있는 짠테커 친구들 없니? 나 여기 있어! 같이 돈 모으자!' 하는 영상 편지랄까. 이때만 해도 나만의 콘텐츠를 만들겠다, 유튜브 수익으로 돈을 벌겠다는 생각은 없었다. 2000명의 구독자로 한 달에 2만~3만 원 정도 받는다는 친구의 말에 "한 달에 2만~3만 원?! 대박이다! 한 달에 200만 원 적금해서 받는 이자네"라며 눈을 부릅뜨긴 했다. 친구는 '얼마 안 된다'는 말을 하려던 건데 나한테 2만~3만 원은 큰돈이니까.

시작하고 두 달 정도는 구독자가 200~300명대였다. 그러다가 '저축률 높이는 3가지 방법'이라는 영상이 소위 말하는 '떡상'을 했고, 자고 일어날 때마다 구독자가 1000명씩 늘었다. 정말 얼떨떨했다. 그리고 내가 용기를 얻었던 유튜브 강과장 채널 커뮤니티에 소개되기도 했다. 강과장 님 영상 올라올 때마다 열심히 댓글을 달았는데… 저는 성공한 덕후입니다. 유튜브 시작 석 달 만에 만 명의 사람들이 채널을 구독했고 지금도 많은 분들이 새롭게 구독을 해주고 계신다. 감사합니다.

당시 난 가계부라는 게 엄청 특별하다고 생각하지도 않았고, 짠테크 카페에서 여러 고수님들의 글을 봤기 때문에 스스로 짠테크 신생아라 여겼다. 초반 영상들은 거의 다 "제가 뭐 엄청난 걸 알려드리는 건 아니고요… 제가 한 방법들을 소개할 뿐입니다…"라는 식의 멘트를 한다. 자신 없었고, 아무에게도 짠테크 얘기를 하지 않았기 때문에 단어 선택 하나하나가 조심스러웠다. '뭐 이딴 걸 알려주냐. 이걸 누가 모르냐'는 식의 악플이 달릴까 봐 무서웠다. 근데 웬걸! 많은 분들이 댓글로 "저도 여기 있어요!"라고 외치기 시작했다. 돈을 잘 모으다가 최근에 씀씀이가 커졌는데 영상 보고 다시 정신 차리겠다는 사람, 소비를 자랑하는 영상만 보다가 아끼는 걸 자랑하는 영상을 보니 마음이 너무 이상하다는 사람, 친근하게 알려줘서 내일부터 가계부 써보겠다는 사람… 정말 다양한 사람들이 내 유튜브 채널에 모이는 느낌이었다.

유튜브를 통해 내 세상이 달라졌다고 해도 과언이 아니다. TV 출연, 각종 인터뷰, 유튜브 행사 초청, 광고 제안 그리고 출판 제안까지! 그냥 내 이야기를 나눴을 뿐인데, 그게 내 콘텐츠가 됐고 자연스럽게 김짠부라는 1인 브랜드가 만들어졌다.

지금까지 약 1년 동안 유튜브를 하면서 뼈저리게 느끼고 깨달은 것이 있다. '70억 인구가 있으면 70억 개의 이야기가 있다.' 내가 살아온 삶 자체가 이야기고, 그게 곧 콘텐츠가 된다. 사람들은 대부분 유튜브를 시작하고 싶어 하면서도 '레드 오션'이라는 핑계를 댄다. 하지만 태어난 것 자체가 이미 레드 오션이다. 사람

많다고 우리가 삶을 포기하는 게 아니지 않나. 그리고 오히려 레드 오션이기 때문에 시작해야 한다고 생각한다. 블루 오션이면 아무도 찾아오지 않을 거고, 광고주도 영상에 광고를 넣지 않는다. 모두가 유튜브를 보고 있기 때문에, 또 시작하기 때문에 우리도 그곳에 뛰어들어야 한다.

꼭 인싸 성격이 아니어도 콘텐츠로 성공할 수 있다. 약간 깨발랄한 느낌으로 영상을 찍는 나를 좋아하는 분도 있겠지만 전문성 없는 애가 재테크재테크 한다고 싫어하는 사람도 분명 있다. 모두를 맞출 필요는 없다. 조용하고 강단 있는 사람을 좋아하는 사람도 있고, 시끄러운 사람을 좋아하는 사람도 있다. 사람들이 좋아할 것 같은 영상에 나를 끼워 맞추지 말고, 내가 어떤 사람들에게 어떤 메시지를 전달할 것인지를 생각해보면 된다. 내가 만약 절약 이야기가 아닌, 당시 20대가 좋아하는 것들(명품 언박싱, 화장 방법, 감성 브이로그)에 집중했으면 지금의 내가 있었을까. 내가 좋아하는 걸 나답게 표현하는 게 중요하다.

첫 영상을 업로드 했을 때 내 채널명은 '김짠부 재테크'가 아닌 '김짠부 전원일기'였다. 짠테크가 내 주 무기였지만, '이게 잘 통할까?'라는 걱정이 앞서 '전원일기'라는 조금은 특이해 보이는 키워드를 섞은 것이다. 그때는 이게 나답다고 생각했는데, 결국 부모님 집에서 부모님이 주신 환경, 부모님이 꾸며가는 전원주택 생활에 나는 숟가락만 얹은 것이었다. 나의 것이 아니었던 것이다. 내 것이 아닌데 내 것이라고 착각했던 것들을 걷어내고 내 것을, 나의 생각과 마음과 거기서 비롯되는 행동들을 이야기했던 첫 영상이 '20대 짠순이의 저축률 높이는 3가지 방법'이었다. 그리고 내가 자신 있어 하는 분야로 바꾸고자 '김짠부 재테크'로 채널 이름을 바꿨다.

다수를 모으려고 하지 말고 소수의 인원을 모은다고 생각하고 뾰족한 나만의 코어 콘텐츠를 찾아야 한다. 한 번은 친구가 "난 좋아하는 것도 없고 잘하는 것도 없어"라고 하길래 이렇게 이야기를 한 적이 있다. "너 장녀잖아. 그럼 장녀의 일상이라는 느낌으로 장녀라서 받았던 설움 같은 걸 나눠봐." '저는 장녀라 서러워요'라고만 하는 게 아니라 '저는 삼남매 중 장녀인데요. 장녀라서 받은 설움을 세 가지로 얘기해보려고 해요. 야, 동생들. 잘 들어라'라는 식으로, 웃프지만 즐겁게 영상을 만들면 온 동네 장녀들이 영상으로 모일 거다. '전국의 장녀들이 공감하는 영상'이라는 문구로 카드뉴스를 만들어 온라인 카페나 인스타그램에 올리면 홍보도 자연스럽게 된다.

이렇게 자신의 있는 그대로의 사실이자 매력을 콘텐츠로 보여주고, 그 후엔 장녀라서 갖고 있는 강인함, 장녀에게 필요한 위로 영상, 장녀가 부모님을 설득하는 방법 등 장녀들에게 필요하다고 생각하는 여러 꿀팁과 정보를 영상으로 찍으면 어느 샌가 '세상에서 제일 강한 장녀 김○○'로 퍼스널 브랜딩될 것이다. 그러면 그에 맞는 물건이나 온라인 클래스 혹은 카카오 오픈 채팅방 같은 여러 플랫폼으로 이어질 수 있다.

'레드 오션이래' '할 게 없다' '나는 재미가 없다' '해봤는데 안 된다' 같은 말들은 사실 다 나 편하자고 하는 핑계인 경우가 많았다. 나도 2017년부터 유튜브를 하고 싶었는데 2년 동안 저 말들을 하면서 안 했다. 내 기준에선 유튜브만큼 정직한 알고리즘이 없는 것 같다. 꼭 몇 십만 명 유튜버가 되지 않아도 된다. 1000명대 유튜버로 활동하면서 다양한 클래스를 만드는 유튜버들도 있고, 2만 명 구독자로 매달 사람들을 모아서 오픈 채팅으로 수업을 진행하는 유튜버도 있다. 돈도 돈이지만, 내가 좋아하고 하고 싶은 일로 나를 퍼스널 브랜딩할 수 있다는 게 너무 설레고 멋지다. 김짠부의 이야기 말고 69억9999만9999개의 이야기도 궁금하다.

전 유튜브를 시작할 때도 가성비를 중요하게 생각했기 때문에 장비에 돈을 쓰겠다는 생각이 전혀 없었어요. 핸드폰으로 촬영하고 영상도 핸드폰으로 편집했죠. 삼각대는 회사 선배가 안 쓰는 걸 주셨고, 마이크는 엄마가 구독자 만 명 축하 선물로 2만 원짜리를 사주셨어요. 이걸 다 제가 샀다고 하더라도 3만 원대면 충분히 가능한 금액이에요. 중고나라에 유튜브라고 검색하면 고가의 카메라, 조명, 마이크 등 줄줄이 나와요. 대부분 열정을 갖고 장비부터 샀다가 결국 포기하고 장비를 다시 파는 거죠. 유튜버 신사임당 님은 유튜브를 처음 시작할 때부터 100만 명 구독자가 될 때까지 핸드폰으로만 촬영을 하셨어요. '비닐봉지에 담긴 아이폰'이라고 하셨는데 정말 찰떡 같은 표현이에요. 장비나 주변 환경이 중요한 게 결코 아니에요. 내가 갖고 있는 정보를 어떻게 담아내느냐가 가장 중요합니다.

그리고 꼭 모두가 유튜브를 할 필요도 없어요. 자기 성격과 잘 맞는 플랫폼에 자신을 알리면 돼요. 인스타그램, 블로그, 브런치, 유튜브 등 다양한 플랫폼에 나를 노출하면서 어떤 플랫폼이 나와 잘 맞는지 찾아보는 거죠. 돈도 안 드는데 안 할 이유가 있나요! 예전에는 내 브랜드를 만들려면 물건이 필요했고, 장소가 필요했죠. 재고 걱정, 월세 걱정… 하지만 이젠 그런 걱정 없이 온라인에 내 건물을 만들 수 있는데, 또 마음껏 허물고 다시 지을 수도 있는데! 해볼 만한 게임 아닌가요? 레드 오션이라고 겁먹지 마세요. 전 오히려 온라인에 내 건물이 없다는 것에 겁먹어야 할 시대인 것 같아요. 오늘 시작한 내 콘텐츠가 1년 뒤 나를 먹여 살릴 겁니다.

유튜브 관련 책도 많고, 영상도 정말 많아요. 블로그는 1일 1포스팅부터 시작해서 이웃과 교류하기, C랭크 분석하기 등 책과 영상만 봐도 알 수 있는 것들이 많아요. 하루에 다 끝내려는 생각 말고 퇴근길에 한 시간 혹은 30분씩이라도 투자해보세요. 그리고 꼭 월급의 10% 정도는 자기계발에 썼으면 좋겠어요. 나를 소비자에서 생산자로 만들 자기계발이요. 전 지금도 부동산 임장

▶| ◀))

모임, 경매 수업, 1인 브랜딩 수업, 글쓰기 수업 등 제가 부족하다고 느끼고 배우고 싶은 분야는 과감하게 돈을 쓰고 있어요. 책도 많이 읽고요. 부동산, 주식에 투자하기가 겁난다면 '나'라는 기업에 투자하세요. 그리고 그 과정을 온라인에 기록한다면 1석 2조겠죠?

나 자신을 사랑하는 가장 쉽고 빠른 방법, 짠테크

아침 6시, 자동으로 눈이 떠진다. 일어나자마자 풀충전된 뇌를 제대로 사용하기 위해 카톡 답장 대신 책을 읽는다. 그러고 나서 밖으로 나가 3km 정도 걷는다. 하루에 만 보를 채우는 게 나름의 소소한 목표이기 때문에, 아침에 동네 산책을 즐기는 편이다. 만 보를 걸으면 100원을 주는 앱테크는 내가 가장 좋아하는 앱테크이기도 하다. 간단한 출석 체크를 하며 5원, 10원을 받는다. 이 돈을 벌기 위해서라기보단 세상에 공짜는 없다는 간단한 원리를 앱테크 출석 체크를 통해 매일 상기한다.

산책 후엔 씻고 나와 스케줄러를 보며 오늘 하루 할 일과 더불어 대략적인 예산을 잡는다. 식비가 예산을 초과할 것 같으면 아무리 카페순이라고 해도 집에서 카누를 마시려고 하는 편이다. 혹은 식비 지출이 나름 선방을 하고 있다면, 그동안 먹고 싶었던 음식을 사먹기도 한다. (하지만 이런 일은 거의 없다. 하하)

지출 예산뿐 아니라 수입 예산도 잡는다. 많이 쓴 달은 많이 벌어야 저축률 80% 이상을 유지할 수 있기 때문이다. 회사를 다닐 땐 수입이 어느 정도 정해져 있어서 수입을 늘려야 하는 상황이 오면 대부분 '주말 출근'이나 '중고 물품 판매'를 먼저 떠올렸지만, 지금은 조금 다르다. 유튜브, 인스타, 블로그 등 사람들이 보는 SNS에 어떤 정보를 올릴지부터 고민하게 됐다. 온라인에 건물 쌓기를 실천하는 것인데, 이게 내가 해봤던 그 어떤 부수입보다 가장 재밌고 또 뿌듯하다.

여전히 내 집 마련은 진행형이고 하루가 다르게 여러 규제들이 나오고 있지만, 이젠 예전처럼 불안하지 않다. 나만의 레이스, 나만의 사이클을 찾아가는 중이니까. 평일엔 경제 뉴스를 읽고, 주말엔 평소 관심 있는 지역에 직접 가서 이것저것 확인하면서 부동산 임장에 임한다. 10개월 넘게 옷과 색조 화장품을 사지 않았다. 부동산 수업, 아이패드 드로잉, 창업 강의 등 나를 위한 투자에만 돈을 쓰고 있다. 누군가는 말한다. 그렇게 사는 게 불행하진 않냐고. 단호한 내 대답, '전혀요.' 난 오히려 미래에 대한 그 어떤 준비도 없이 당장 화려하게 사는 게 더 불행한 것 같다.

나에게 돈은 현재의 내가 미래에 던져놓는 선물이다. 더 젊고, 더 아쉬울 거 없는 지금의 내가 미래의 나에게 "하고 싶은 일만 하고 살아, 남한테 아쉬운 소리하지 말고"라며 던져놓는 선물. 물론 지금도 하고 싶은 일을 하며 살고 있지만! 지금도, 앞으로도 더 이상 누군가를 부러워하며, 시기질투하며 나의 시간을 놓치고 싶지 않다. 이런 자존감은 정말이지 짠테크에서만 찾을 수 있는 것 같다. 돈에 대해, 자본주의에 대해 더 공부하고 더 알아볼수록 내면이 단단해지는 것 같다. 하루하루가 지날수록 나는 더 단단해지고 있다.

아이러니하게 들릴지 모르겠지만, 짠테크를 하면 할수록 소비 씀씀이도 더욱 커지고 있다. 내가 남자친구와 장거리 연애를 할 때의 일이었다. 용인-구미를 오갈 때 난 항상 버스나 제일 느린 무궁화호를 탔다. 사실 무궁화호와 KTX 금액 차이는 7000원 정도고, 시간은 1시간 30분 정도 절약할 수 있었다. KTX를 탈 법도 했지만 예전의 난 이런 생각을 했다. '내 몸값이 KTX를 탈 정도의 몸값이 됐을 때, 스스로 그렇게 인정할 수 있을 때, 진짜 멋지게 KTX 예매해야지.' 그리고 지금은 남자친구 회사 위치가 옮겨져 기차 탈 일은 없지만, 만약 타야 할 일이 생긴다면 당당하게 KTX를 예매할 것 같다. 내 1시간 30분은 그때와 다르다는 확신이 있기 때문이다.

올해 5월에는 퇴사를 하고, 최근에는 책을 쓰며 사무실과 반자취(?!)로 쓸 오피스텔도 전세로 구했다. 내 집 마련이라는 어른 김짠부의 꿈을 이룰 수 있다는 확신이 생기자 어렸을 적 김지은의 꿈이었던 1인 기업의 꿈도 이룰 수 있을 것 같다. 사회초년생과 돈알못을 위한 재테크 수업을 만들 예정이다. 유튜브, 인스타, 블로그, 강연 등 내 강점인 SNS 능력을 활용하며 더 많은 사람들에게 짠테크를 통해 나다움을 찾는 과정을 전하려 한다. 사실 부동산 공부를 하면서 절대 전세 계약할 일은 없다고 생각했는데, 나름 좋은 경험이었다. 집을 찾아보고, 대출을 알아보고, 부동산 중개인과 이야기를 나누고, 집주인과 만나 계약을 하는… 이론만 있었던 내게 실전의 경험은 앞으로 큰 자양분이 될 것이고, 나와 함께하는 짠테커들과 나누며 양질의 흙무더기를 만들 수 있을 것이다. 내 꿈은 지금 내 현실에 분명하게 자리잡고 있다.

앞으로 부자가 되긴 하겠지만, 적게 벌든 많이 벌든 상관없이 가장 중요한 것이 있다. 지출을 통제할 능력이 있다는 것. 마케팅 문구에 휩쓸리며 사는 게 아니라, 내가 스스로 그 필요를 판단할 수 있는 능력. "그냥 사지 말라는 거 아니에요? 그냥 아끼면 된다는 거죠?"라고 많이 물어보는데, 그렇게만 아끼면 금방 무너진다. 나에게 돈은 더 이상 '못' 쓰는 게 아니라 '안' 쓰는 것이 됐다.

내 라이프스타일이 되어버린 짠테크, 지지리 궁상으로 보이는 게
아닌 나만의 이야기가 담긴 짠테크는 앞으로도 계속될 것이다.

그러니까 이 글을 읽는 여러분도, 살면서 한 번은 짠테크!

짠테크 키워드 인덱스

살면서 한 번은 짠테크

초판 1쇄 발행 2020년 11월 4일
초판 5쇄 발행 2023년 5월 2일

지은이 김짠부(김지은)
펴낸이 김은경
펴낸곳 ㈜북스톤
주소 서울특별시 성동구 성수이로 20길 3, 602호
대표전화 02-6463-7000
팩스 02-6499-1706
이메일 info@book-stone.co.kr
출판등록 2015년 1월 2일 제2018-000078호

북스톤은 세상에 오래 남는 책을 만들고자 합니다. 이에 동참을 원하는 독자 여러분의
아이디어와 원고를 기다리고 있습니다. 책으로 엮기를 원하는 기획이나 원고가 있으신 분은
연락처와 함께 이메일 info@book-stone.co.kr로 보내주세요. 돌에 새기듯, 오래 남는 지혜를
전하는 데 힘쓰겠습니다.